插图版

劳心者定律

Laoxinzhe Dinglü

第二版

门睿 主编

经济日报出版社

图书在版编目（CIP）数据

劳心者定律 / 门睿主编 . -- 2 版 . -- 北京 : 经济日报出版社 , 2021.6
ISBN 978-7-5196-0846-0

Ⅰ . ①劳… Ⅱ . ①门… Ⅲ . ①管理学－通俗读物
Ⅳ . ① C93-49

中国版本图书馆 CIP 数据核字 (2021) 第 129384 号

劳心者定律（第二版）

作　者	门　睿
责任编辑	宋潇旸
助理编辑	姜　楠
责任校对	温　海
出版发行	经济日报出版社
地　址	北京市西城区白纸坊东街2号 A座综合楼710(邮政编码:100054)
电　话	010-63567684 （总编室）
	010-63584556 （财经编辑部）
	010-63567687 （企业与企业家史编辑部）
	010-63567683 （经济与管理学术编辑部）
	010-63538621 63567692（发行部）
网　址	www.edpbook.com.cn
E - mail	edpbook@126.com
经　销	全国新华书店
印　刷	北京荣泰印刷有限公司
开　本	710×1000毫米 1/16
印　张	19.25
字　数	260千字
版　次	2021年8月第2版
印　次	2021年8月 第1次印刷
书　号	ISBN 978-7-5196-0486-0
定　价	58.00元

自序

把书名定为《劳心者定律》，真是要有些勇气。打从“批林批孔”以后，“劳心者治人，劳力者治于人”这句孔老夫子的千古名言就变成贬义词被打入另册，成为孔老夫子鄙视劳动人民的铁证，让“劳心者”们避犹不及。现在想起来未免有点“文字冤狱”的味道。其实，这句名言不过是阐明一种社会现象罢了。

劳心者，智者也，或曰管理者、领导、知识分子、白领。就算没有孔夫子那么大智慧，起码也该是个脑力劳动者，最不济也在圣人门下受过几天教诲，有三分小聪明。按照他老人家“劳心者治人”的职业划分标准，在古代，王侯将相、官吏、帝王师之类人物无疑是劳心者。如今，科学昌明，经济发达，教育普及，真的是“六亿神州尽舜尧”了，只要识文断字，见过些世面，总能有“智”者事竟成。而“治人”与“治于人”不过是管理与被管理的关系，硬说“统治”就喝高了。

在交谈中，我们常听见朋友间或冒出几个这样的词汇，显得十分贴切、生动、言简意赅，体现了人生的智慧与成熟，更能表达复杂的人际关系、社会现象、经济规律与生活哲理，很是令人羡慕。其实，不管高谈宏论，总有来龙去脉，总能说出个子午卯酉。只是有些词汇我们平时或道听途说，或浮光掠影、似是而非，一碰上真刀真枪，心里打鼓，脚下筛糠，生怕驴唇对不上马嘴，只有“打死也不说”。这时候，要是手头有本“葵花宝典”，能把此类“市说新语”一网打尽该有多好？特别是一些企业家、领导、学者、老师们，更想追根求源。

《劳心者定律》介绍的就是管理、生活、工作中最流行的时髦定理、法则等。这些词条，可以说就是现代成语。包括以下几类内容：

1．经济学、管理学中常见的一些定律、规则、效应。如短板理论、分粥规则、帕金森定律、节俭悖论、破窗效应、二八法则、零和游戏等。

2. 生活中的一些有趣现象、启示。如蝴蝶效应、马太效应、梅菲定律、分马的启示等。

3. 心理学、伦理学中一些有趣的定理、理念、命题。如囚徒困境、鲶鱼效应等。

4. 哲学、逻辑学中一些常见的有趣的概念、悖论。如鳄鱼悖论等。介绍定律的由来，解释说明词条的含义，联系实际举例说明，再加上精彩点评。

劳心者的需求就是作者的责任。现在就为你端上这道开胃菜，里面既有大智慧，也有小伎俩。古人云：“真传一句话，假传万卷书。”如果你还没吃午饭，就当是充一回电；如果你已经吃过饭了，就当是甜点，幽他一默。我们几位厨师作者虽不能在这里做满汉全席，但用生活素材烹制时鲜小菜，还算得心应手。相信过若干年后，还能让你记起一鳞半爪。

本书选取条目是市场同类书中最全的，也是最常见的。每个词条都配有漫画，让你轻松解读，在会心一笑中增加记忆。

如果本书能让您提高语言表达能力，使您更形象、幽默、有趣、时尚，如果能对管理者有提示和抛砖引玉作用，让管理者借鉴其一而反三，我们作者就可以去喝个小酒了。

门睿

2021年6月　于京城白纸坊

目录

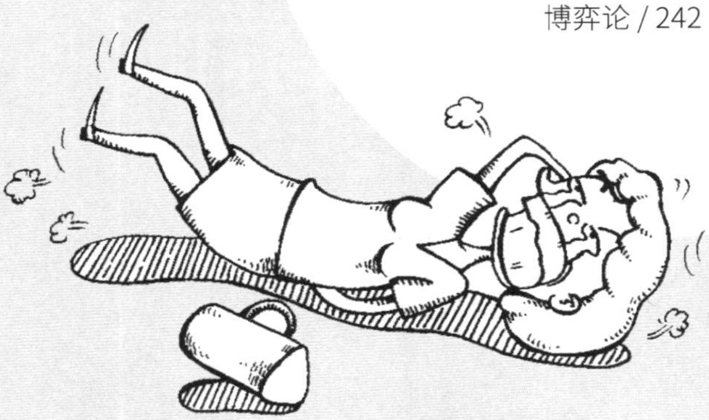

蝴蝶效应

唐斯斯

“蝴蝶效应”说的是：一只南美洲亚马孙河边热带雨林中的蝴蝶，偶尔扇几下翅膀，就有可能在两周后引起美国得克萨斯的一场龙卷风。原因在于：蝴蝶翅膀的运动，导致其身边的空气系统发生变化，并引起微弱气流的产生，而微弱气流的产生又会引起它四周空气或其他系统产生相应变化，由此引起连锁反应，最终导致其他系统的极大变化。“蝴蝶效应”听起来有点荒诞，但说明了事物发展的结果对初始条件具有极为敏感的依赖性；初始条件的极小偏差，将会引起结果的极大差异。

“蝴蝶效应”一词来源于“混沌理论”，是气象学家洛伦兹(Lorenz)1963年提出来的。洛伦兹1917年出生于美国康涅狄格州，一生致力于研究“混沌理论”，他被称为“现代混沌之父”，可谓当之无愧。

“蝴蝶效应”还有另一种说法：断了一枚钉子，掉了一只蹄铁；掉了一只蹄铁，折了一匹战马；折了一匹战马，摔死了一位将军；摔死了一位将军，吃了一场败仗；吃了一场败仗，亡了一个国家……因此，有人又称之为“蹄铁效应”。

无论是“蝴蝶效应”还是“蹄铁效应”，讲的都是一个道理：如果对一个微小的纰漏（关键性的纰漏）不以为然或听任发展，往往会像推倒多米诺骨牌那样引起崩溃。一颗雪球可能引发一场雪崩，一根火柴可以点燃整个森林。

2003年，美国发现一宗疑似疯牛病案例，这马上就给刚刚复苏的美国经济带来了一场破坏性很强的飓风。扇动“蝴蝶翅膀”的，是那头倒霉的“疯牛”，受到冲击的，首先是总产值高达1750亿美元的美国牛肉产业和140万个工作岗位；而作为养牛业主要饲料来源的美国玉米和大豆业，也受到波及，其期货价格呈现下降趋势。但最终推波助澜，将“疯牛病飓风”损失发挥到最大的，还是美国消费者对牛肉产品表现出的信心下降。在全球化的今天，这种恐慌情绪不仅造成了美国国内餐饮企业的萧条，甚至扩散到了全球，至少11个国家宣布紧急禁止美国牛肉进口，连远在大洋彼岸中国广东等地的居民都对西式餐饮敬而远之。这让人联想到禽流感，最初在个别国家发现的禽流感，很快波及全球，就算在没有发现禽流感的地区或国家，人们也会“谈鸡色变”。

再比如，你能想象得出一个美国人抽烟和中国的通货膨胀有什么关系吗？假设美国现在有一个人抽烟，不小心把没熄灭的烟头扔在了床边，然后出门上班了。大约20分钟后，烟头慢慢引燃床单，火越来越大，逐渐蔓延到左邻右舍，引起了煤气罐的连环爆炸。这时的美国人已经对“恐怖袭击”胆战心惊，而这个扔烟头的人却忘了自己曾扔过烟头，于是在一时无法查明原因的情况下，这件事暂时被定为“恐怖袭击”。于是，惊恐万状的人们纷纷抛售股票，引起股市大跌。人们下降的消费信心影响了整个美国经济，最后造成美元贬值。由于美元的持续贬值，使得以美元标价的基础性原材料价格上扬，盯住美元的人民币价格也相应上扬，从而导致以原材料为基础的商品价格上涨，引发中国的成本拉动型通货膨胀。

这个例子比较夸张，为的只是说明：我们在解释某种经济现象时，如果无法从常规的分析中找到答案，就要考虑那些看起来无关紧要的因素，然而这种因素太多了，也太不可预测了，这也是经济学家总是难以精确地预测具体经济指数的原因。但也正是这种不可预测性造就了变化多端而丰富多彩的世界。蝴蝶扇动翅膀都有可能引起龙卷风，那还有什么不可能呢？“没有什么不可能”，恐怕这就是“蝴蝶效应”给我们最大的启示。

一颗小雪球可能引发一场雪崩，
一根火柴可以点燃整个森林。

“分粥”规则

蒋丽梅

所谓“分粥”规则，是政治哲学家罗尔斯在其所著《正义论》中提出的。他把社会财富比作一锅粥，一群人来分粥，可能有五种分粥的办法：

一、指定一个人全权负责分粥。但很快大家就发现，这个人为自己分的粥最多。于是又换了一个人，结果还是一样，负责分粥的人碗里的粥最多最好。

二、大家轮流坐庄，每人一天。每个人一周里总有一天撑得嘴歪眼斜，其余六天都是饥饿难耐。这种方法不仅不能消除不公平，还会造成资源的巨大浪费。

三、大家选举一个信得过的人。开始这位品德高尚的人还能公平分粥，但不久他便给拍马溜须的人和自己多分，分粥又变得不公平了。

四、成立分粥委员会和监察委员会，形成分权和制约。这样，公平基本做到了，可是由于监察委员会经常提出种种质疑，分粥委员会又据理力争，等到分完，粥早就凉透了。

在没有精确计量的情况下，无论选择谁来分，都会有利己嫌疑。解决的方法就是第五种——分粥者最后喝粥，要等所有人把粥领走了，分粥者自己才能取剩下的那份。因为让分粥者最后领粥，就给分粥者提出了一个最起码的要求：每碗粥都要分得很均匀。道理明摆着——倘若分得不匀，最少的那碗肯定是自己的了。只有分得合理，自己才不至于吃亏。因此，

分粥者即使只为自己着想，结果也是公正、公平的。

一些关系国计民生的社会公共行业的规矩，不仅要管社会公众，更要管住业内人，内外统一管理标准，社会生活才能有序而不致乱套。由于垄断着公共资源，“分粥者”就应当对行业内外一视同仁，不得厚此薄彼。比如，从前没有实行火车票实名制的时候，每到春运和节假日，铁路售票窗口有时连一张票也买不到，但人们却可以很容易地从票贩子手里拿到高出票面价格一倍以上的票。票贩子的票有些就来自车站职工。“火车票就是我们的节日‘概念股票’，不搞白不搞。”一位铁路职工如是说。针对这种现象，我们的监督管理措施，就是让“分粥”者无权最先“领粥”。

上述五种分粥制度假设的前提是所有的“分粥者”个个都是自私鬼，没有一个是大公无私的。正因如此，他们一有机会便会“以权谋私”。美国《独立宣言》起草人之一托马斯·杰斐逊说：“自由的政府不是以信赖，而是以猜疑为基础建立起来的。因此，与权力有关的问题不能建立在对人性的信赖上，而要用法律加以约束，防止其行为不端。”所以制度至关重要，制度是人选择、交易的结果。好的制度清晰而精妙，既简洁又高效，令人为之感叹。

作为管理人员，我们更应该时时提醒自己，我们所制定的各种制度是否浑然一体，简洁高效，是否处在激励与制约之间的平衡点上。

猴子也会从树上掉下来。

——民谚

节俭悖论

唐斯斯

约翰·梅纳德·凯恩斯勋爵（1883—1946)是20世纪最有影响的经济学家，一生对西方经济学做出了极大贡献，一度被誉为资本主义的“救星”“战后繁荣之父”。“节俭悖论”是凯恩斯最早提出的一种理论，也被称为“节约反论”“节约的矛盾”。

凯恩斯认为，在社会经济活动中，勤俭节约对于个人或家庭来说是美德，然而对整个社会来说，节约意味着减少支出，迫使厂商削减产量，解雇工人，从而减少了收入，最终减少了储蓄，造成有效需求不足，阻碍经济发展和产量、就业增加。在20世纪30年代大萧条时期，德宾（E. F. M. Durbin)甚至将“储蓄”说成“一个特别危险的自我毁灭过程”。凯恩斯则鞭挞了节俭的储蓄者，1931年1月他在广播中断言，节俭将促成贫困的“恶性循环”。他还告诉大家，如果“你们储蓄五先令，将会使一个人失业一天”。

“9·11”恐怖袭击事件后，美国人一度陷入悲痛与绝望中，对政局的稳定和经济的发展失去信心，不敢轻易投资和消费，个人储蓄增多，以防不可预测的因素。这种保守消费心态的蔓延一时间就使美国经济真正跌入低谷。后来美国一些知名企业家联合起来投资股票市场，并呼吁大家松开钱袋子，加大消费和投资，拯救美国经济。

近年来，由于全球经济不景气，中国出口受到一定影响，而我国经济发展更要仰仗内需和投资拉动。如果我们花钱多，对经济发展的贡献就大，因为额外的需求将拉动生产和就业。

比起“储蓄是恶习”的说法，勤俭节约一直作为我国的传统美德被颂扬。然而现在，在我国的一些大城市里，出现了一群独特的“都市新贫族”，他们薪水丰厚，却几乎没有存款，一发薪就立即花到服饰、化妆品、餐馆酒吧、旅游等方面，一旦花完就开始过着数日子等发薪的贫穷生活，他们年轻、浪漫，有着体面的工作，秉着“钱就是用来花的”心态，周期性经历着从有钱到赤贫的过程。这样盲目地消费、支出而不留储蓄，一旦碰上需要用钱的时候，马上就会陷入困境，因为社会保障体制不可能把他们的问题全包下来。

事实上，对于生产力水平较低、经济比较落后的国家，迫切需要积累资金（资本），应该提倡节俭，鼓励储蓄，通过降低利率而增加厂商对资金的需求，总支出不一定会下降。要解决“节俭悖论”，关键在于不要让储蓄的资金闲置，而是要把储蓄转化为投资，扩大和提高生产能力。因此银行应增加有效贷款，把钱用到刀刃上。

与人交往，不要去想他可以怎样帮你，
要想你可以怎样帮他，为他服务。

分马的启示

蒋丽梅

很小的时候参加联欢会，看到了一则至今不忘的灯谜：有一个财主，临终前把三个儿子叫到身边说，家里有17匹马可当遗产分，大儿子分得1/2,二儿子分得1/3,三儿子分得1/9。17匹马的1/2是8匹半，难道要杀掉一匹马分马肉吗？三个儿子百思不得其解，于是请来村里的智伯帮助解决难题。

智伯想了又想，终于找出了答案：他从自己家里牵来了一匹马凑成18匹，大儿子得1/2是9匹，二儿子分1/3是6匹，三儿子分1/9是2匹。9+6+2等于17匹，还剩下一匹，就是智伯从自家牵来的，自然又牵了回去。这则灯谜所反映的深奥数学原理只能由数学家们去解释，但它包含的生活道理却给人们以深刻的启迪。

某作家写了一本小说，找了许多家出版社都被退稿，理由不外是认为此书发行量不大，出版后会亏损。但作家对自己书稿的市场前景深信不疑，无奈在看到市场销售情况之前无法说服出版社的老总。于是，他采用退一步的方法，与出版社签订协议，大意是：自己先垫付3万元作风险金，出版后如果市场销售不好，3万元就支付成本了；如果销售超过了1万册，3万元退回。该书出版后果然畅销，作家不但收回了垫付的3万元保证金，还获得了可观的稿费及利润提成。

企业在生产经营中，往往会因为资金、技术、人力资源、市场、制度

等某个环节让产品项目卡壳，这时就需要项目人有自己先拉出“一匹马”的勇气，促使该项目得以实施。这“一匹马”可能会被分掉，但也可能为你赢回“几匹马”。这就需要进行周密的测算、充分的市场调查以及坚持不懈的努力。

一个编辑为了组到一部好书稿，三番五次跑到某著名作家家里拜访，车费、礼品费、请客费花了许多，终于感动了那位畅销书作家，两人成为朋友。他从此把自己的书稿交由这位编辑负责出版。这不仅为出版社挣得了可观的利润，也让这位编辑获得了可观的奖励。而另一家出版社的编辑也认识这位著名作家，但他只是打打电话，舍不得掏车马费，结果因小失大，一事无成。

日常生活中，这样的例子比比皆是。自己拿出“一匹马”，先把问题解决，再牵回这匹“马”甚至更多的“马”。有一位父亲被人骗走5万元钱，一气成病。孝顺的儿女每人立即出了2000元钱给父亲，并想办法帮公安人员追查罪犯。父亲受到安慰，病很快好了，家里虽然破财，但全家更和睦了；一个孩子用压岁钱给母亲买了生日蛋糕，他会赢得母亲更多的爱和更多的奖励。

将欲取之，必先予之。适当的付出不仅让你毫发未损，还有可能获得丰厚的回报。尤其在节骨眼上的投入，更能起到四两拨千斤的作用。

即使是上帝也不会使所有的人满意，
无论他降雨还是不降雨。
——泰奥格尼斯

霍桑效应

陈　哲

霍桑效应的发现来自一次失败的管理研究。1924年11月，美国国家研究委员会组织了以哈佛大学心理学专家梅奥为首的研究小组进驻西屋（威斯汀豪斯）电气公司的霍桑工厂，他们的初衷是试图通过改善工作条件与环境等外在因素，找到提高劳动生产率的途径。他们选定了继电器车间的六名女工作为观察对象。在七个阶段的试验中，主持人不断改变照明、工资、休息时间、午餐、环境等因素，希望能发现这些因素和生产率的关系——这是传统管理理论所坚持的观点。但是很遗憾，不管外在因素怎么改变，试验组的生产效率一直在上升。

后来这个令人困惑的结果引发了管理学的一场革命。历时九年的试验和研究，让学者们终于意识到了人不仅仅受到外在因素的刺激，更有自身主观上的激励，从而诞生了管理行为理论，开始把人当作“人”而不是机器的附属物来看待了。就霍桑试验本身来看，当这六个女工被抽出来成为一组的时候，她们就意识到了自己是特殊的群体，是试验的对象，是这些专家一直关心的对象，这种受注意的感觉使得她们加倍努力工作，以证明自己是优秀的，是值得关注的。另一方面，这种特殊的地位使得六个女工之间团结得特别紧密，谁都不愿意拖这个集体的后腿，她们之间甚至形成了一种默契。就这样，个人微妙的心理和团队精神促使着她们的产量上升再上升！

由于受到额外的关注而引起绩效或努力提升的情况被称之为“霍桑效应”。这在学校教育中极为普遍。有一所国外的学校，在新生入学的时候会对每个学生进行智力测验，以智力测验的结果将学生分为优秀班和普通班。结果有一次在例行检查时发现，一年之前入学的一批学生的测验结果由于某种失误被颠倒了，也就是说现在的优秀班其实是普通的孩子，而真正聪明的孩子却在普通班。但是这一年的课程成绩却如同往年一样，优秀班明显高于普通班，并未出现异常。原本普通的孩子被当作优等生关注，他们自己也就认为自己是优秀的，额外的关注加上心理暗示使得丑小鸭真的成了白天鹅。基于霍桑效应的心理暗示还可以治疗抑郁、自卑、紧张等各种心理疾病，霍桑效应在企业管理应用和领导行为上也卓有成效。

霍桑效应告诉我们：从旁人的角度，善意的谎言和夸奖真的可以造就一个人；从自我的角度，你认为自己是什么样的人，你就能成为什么样的人。

与命运争吵的人，永远无法了解自己。

——（美）惠特曼

木桶原理
（短板效应）

陈　哲

众所周知，一只木桶能盛多少水并不取决于桶壁上最长的那块木板，而恰恰取决于最短的那块，人们把这一规律总结为“木桶原理”，又称“短板理论”。更进一层，我们可以知道：1.比最低的木板高出的部分是没有

意义的，高出越多，浪费越大；2.要想提高木桶的容量，就应该设法加高最短的那块木板的高度，这是最有效也是唯一的途径。这是来自生活中的经验，虽然是朴素的道理，却是人类智慧的结晶。

其实对一个企业来说，最短的那块“板”就是漏洞的同义词，必须立即想办法补上。如果把企业的管理水平比作由三长两短五块木板组成的一只木桶，把企业的生产率或者经营业绩比作桶里装的水，那影响这家企业的生产率或绩效水平高低的决定性因素就是最短的那块板。企业的板就是各种资源，如研发、生产、市场、行销、管理、品质等等。为了做到木桶“容量”的最大化，就要合理配置企业内部各种资源，及时补上最短的那块“木板”。如果具体到人力资源管理的问题上来说，又可以将木桶视为人力资源管理的绩效，木桶的板则分别代表人力资源规划、工作分析与职位设计、人员的招募甄选和雇用、发展培训、绩效管理、薪酬管理、企业文化等各方面内容。所以，木桶有大小之分，木桶原理也有整体和局部之分，我们所要做的事情就是找到你自己的桶，然后找到那块最短的板，加高它！但是，要想完全克服最薄弱的环节是不可能的，一根链条上总有最弱的环节，强弱本来就是相对而言的。问题在于你能承担这个弱点到什么程度，一旦它已成为阻碍工作的瓶颈，就必须下手了。

如果一个人迟到不受处罚，那么
全厂的工人都有理由迟到。

鲶鱼效应

门　睿

“林暗草惊风，将军夜引弓，平明寻白羽，没在石棱中。”这是唐代诗人卢纶写的《塞下曲》，说的是飞将军李广一次夜里外出，猛见前方草丛里卧着一只“老虎”。李广大惊失色，吓出一身冷汗，随即引弓射虎。第二天早晨，当他们去寻找“死虎”时，发现卧在地上的不过是一块巨石，原来是晚上看错了。再看那支箭，箭镞竟然深深地没进石头里。李广暗暗称奇，随即再引弓射石，无论使多大的劲，箭都再也射不进石头了。人在受到惊吓或精神高度紧张、亢奋时，会迸发出超常的能量。医学界认为人们受到惊吓或刺激时，肾上腺会分泌出大量的激素，使人产生前所未有的能量和生存力。

人如此，动物亦如此。鲶鱼效应与李广射石异曲同工。

挪威人喜欢吃沙丁鱼，尤其是活鱼。市场上活沙丁鱼的价格要比死鱼高许多。所以渔民总是千方百计地想法让沙丁鱼活着回到渔港。可是虽然经过种种努力，绝大部分沙丁鱼还是在中途因窒息而死亡。但却有一条渔船总能让大部分沙丁鱼活着回到渔港。船长严格保守着秘密，直到船长去世，谜底才揭开。原来是船长在装满沙丁鱼的鱼槽里放进了一条以鱼为主要食物的鲶鱼。鲶鱼进入鱼槽后，由于环境陌生，便四处游动。沙丁鱼见了鲶鱼十分紧张，左冲右突，四处躲避，加速游动。这样一来，一条条沙丁鱼欢蹦乱跳地回到了渔港。可见，沙丁鱼是受了外界刺激才保持了生机

与活力。

“鲶鱼效应”是企业领导层激发员工活力的有效措施之一。它表现在两方面，一是企业要不断补充新鲜血液，把那些富有朝气、思维敏捷的年轻生力军引入职工队伍中甚至管理层中，给那些故步自封、因循守旧的懒惰员工和官僚带来竞争压力，才能唤起“沙丁鱼”们的生存意识和竞争求胜之心。二是要不断地引进新技术、新工艺、新设备、新管理观念，这样才能使企业在市场大潮中搏击风浪，增强生存能力和适应能力。

许多人都知道草原狼的例子。澳大利亚某牧场上狼群出没，经常捕捉牧民的羊。于是，牧民求助于政府和军队，将狼群赶尽杀绝。狼没有了，羊的数量大增，牧民们非常高兴，认为预期的设想实现了。可是，若干年以后，羊的繁殖能力大大下降，数量锐减且体弱多病，羊毛的质量也大不如从前。牧民这才明白，失去了天敌，羊的生存和繁殖基因也退化了。于是，牧民又请求政府再引进野狼，狼回到草原，羊的质量又开始提高。

急中生智、置之死地而后生，艰难困苦、玉汝于成，这些词语讲的都是生于忧患、死于安乐的道理。

猪圈岂生千里马，
花盆难养万年松。

囚徒困境

蒋丽梅

“囚徒困境”最早是在1950年，由美国普林斯顿大学数学家曾克提出来的。他当时以一个故事为例，向斯坦福大学的一群心理学家们解释什么是博弈论，这个故事后来成为博弈论中最著名的案例。故事内容是：两个犯罪嫌疑人A和B作案后被警察抓住，隔离审讯；警方的政策是“坦白从宽，抗拒从严”，如果两人都坦白，则各判8年；如果一人坦白另一人不坦白，坦白的放出去，不坦白的判10年；如果都不坦白则因证据不足各判1年。

在这里，博弈者就是两个犯罪嫌疑人，他们每个人都有两个选择，即坦白和不坦白。

最终结果是A和B均选择了坦白。这是因为，假定A选择坦白的话，B最好是选择坦白，因为B坦白判8年而抵赖却要判10年；假定A选择抵赖的话，B最好还是选择坦白，因为B坦白不被判刑而抵赖却要被判刑1年。也就是说，不管A坦白或抵赖，B的最佳选择都是坦白。反过来也一样，不管B是坦白还是抵赖，A的最佳选择也是坦白。结果，两个人都选择了坦白，各被判刑8年。在（坦白、坦白）这个组合中，A和B都不能通过单方面的改变行动增加自己的收益，于是谁也没有动力游离这个组合，因此这个组合被称为纳什均衡。

如果A和B都选择抵赖，各被判刑1年，显然比都选择坦白各被判刑8

年好得多。当然，A和B可以在被警察抓到之前订立一个“攻守同盟”，但是这可能不会有用，因为没有人有积极性自觉遵守这个协定。

许多行业的价格竞争都是典型的囚徒困境现象，每家企业都以对方为敌手，只关心自己的利益。在价格博弈中，只要以对方为敌手，那么不管对方的决策怎样，自己总是以为采取低价策略会占便宜，这就促使双方都采取低价策略。如可口可乐公司和百事可乐公司之间的竞争、各大航空公司之间的价格竞争等等。

在国内的家电大战中，虽然不是两个对手之间的博弈，但由于在众多对手当中每一方的市场份额都很大，每一个主体人的行为后果受对手行为的影响都很大，因此，其情景大概也是如此。如果清楚这种前景，双方勾结或合作起来，都制定比较高的价格，那么双方都可以因为避免价格大战而获得较高的利润。但是往往这些联盟处于利益驱动的“囚徒困境”，双赢也就成了泡影。五花八门的价格联盟总是非常短命，道理就在这里。

并不是每次个人的“理性选择”都能让自我利益最大化，也许某个选择就会让你陷入一个“囚徒困境”。大量例子说明，在“囚徒困境”中，常常是先动手的一方会占一些优势。那么，“先下手为强”吧。

降价不是万能的，但不降价是万万不能的。
某种商品打价格牌可以救活自己，
但所有商品一齐降价却救不活整体。

香肠法则

陈　哲

阿瑟·布劳里克所著的《墨菲法则第二卷——再读为什么事情会不对头》中有一条有趣的法则，叫作香肠法则，也叫作罗伯特的食品法则。说是爱吃香肠的人，绝对不要去了解香肠的生产过程。

想来罗伯特也是个妙人，然而这一法则却并非罗伯特的原创。说起这一法则也是大有来头，最早表达出香肠法则大意的乃是德国一代名相俾斯麦。他有句名言：“世上有两物，爱好者不当去观察其制作过程。两物者，一为香肠，一为法律。”香肠与法律风马牛不相及，却被大名鼎鼎的“铁血宰相”摆在一起，难免有一种几近调侃的味道。然而俾斯麦以香肠为例，却也并非没有缘由。因为德国香肠非常著名，世界上还没有哪个国家的人像德国人那样喜欢香肠食品，有那么多的不同风味、款式的香肠。香肠的品种和味道更是千变万化，如小牛肉肠、法兰克福肠、黑肠等。但是德国的人喜欢吃香肠，却没几个人愿意去了解香肠的制作过程。因为香肠制作过程实在让人倒尽胃口，于是，以后每次吃香肠时，眼前总是不禁浮现香肠的制作场景，不免胃口全无。慢慢地，吃香肠的嗜好就丢掉了。

俾斯麦把香肠和法律并论，无疑是在调侃立法过程中的各种妥协、幕后交易，还有修修补补，不必也不可深究。但是到了罗伯特的香肠法则，香肠就象征了一切结果美好而过程糟糕的事物。而我们往往只需注重结果

而不必深究过程。譬如我们吃的蔬菜，如果太在意施肥的话，那就什么菜都不敢吃了，倒不如眼不见为净。又如蝴蝶，蝴蝶在诗词里总是美好和充满诗意的，连梁山伯和祝英台死后都双双化成了蝴蝶，而谁也没有在意化成蝴蝶的前身——毛毛虫。

但是现实中还是有很多人不能接受香肠法则。美国影片《魂断蓝桥》便讲述了这样一个故事。男女主人公彼此深爱对方，但是战争把他们彼此分离，女主人公误以为男主人公阵亡，伤心之余且为生活所迫，沦落风尘。没想到一年后再遇到劫后余生的男主人公。心灵依旧纯洁的她想忘记过去，从头开始，但是当她了解到他的家人是多么在乎新娘的过去时，她再也无法抛开自己不光彩的那段日子，于是选择了自杀。这个爱情故事里没有对错。因为香肠法则只是个建议，并不是对错的标准。

当一个连的士兵采用投票方式决定轮奸那个少女时，邪恶的决议竟然通过民主的方式实现了。民主成了助纣为虐的凶器，而唯一的反对票来自无助的少女！

——有感于以色列前总理戴维·本·古里安的日记

梅菲定律

李　军

人生有很多没有道理的道理，最著名的一个是由管理大师梅菲提出的梅菲定律。这一定律可以解释为，预料之中的事没有发生，而预料之外的事却发生了。梅菲定律据说是这样发现的：有一天，梅菲伏案写作，刚刚写了两行，感觉不满意，就一手揉烂，想扔出窗口，但却掷打在窗框上。于是他又捡起来，瞄准窗框一掷，纸团竟然飞出了窗口。这件小事启发了

他的灵感，并由此归纳出一个人生定律：凡事好像罚点球，平时怎么踢怎么中，但是越有名的球员，在关键的时刻越容易失手。这也就是人们常说的“关键时刻准掉链子”。

在生活中，这种事情经常发生。用中国人的话说，就是“怕什么来什么”。比如，穿着件新衣服怕弄脏，处处小心，偏偏一滴油掉在衣服上；早上出门时阳光明媚，没有带伞，心里想着可别下雨，可偏偏到下午阴云密布，倾盆大雨从天而降；老师上节课留的课文没背会，上课时心里嘀咕可千万别叫到自己，这时却偏偏听到老师叫自己的名字。人生的得失进退也往往是歪打正着，寄希望越高，失望越大。在生意场上也同样，有时越是看好的赢利项目，却越是会赔个血本无归；越不看好的、不愿投资的股票，却常常牛气冲天，让你肠子都悔青了。梅菲定律告诉人们，你设计的人生目标有时并不能实现，而你没想到的果子有时会掉到你的嘴里。这就叫“有心栽花花不发，无心插柳柳成荫”。

我不去寻找好运——我就是好运！

——沃尔特 · 惠特曼

帕金森定律
(金字塔在上升)

门 睿

1958年，英国历史学家、政治学家诺斯科特·帕金森（C.Northcote Parkinson)出版了《帕金森定律》(Parkinson's Law)一书。帕金森经过多年的调查研究，发现一个人做一件事所耗费的时间差别是如此之大：他可以在10分钟内看完一份报纸，也可以看半天；一个忙碌的人20分钟可以寄出一叠明信片，但一个无所事事的老太太为了给远方的外甥女寄张明信片，可以足足花一整天：找明信片一个钟头，寻眼镜一个钟头，查地址半个钟头，写问候的话一个钟头零一刻钟……特别是在工作中，工作会自动地膨胀，占满一个人所有可用的时间，如果时间充裕，他就会放慢工作节奏或是增添其他项目以便用掉所有的时间。

由此得出结论：在行政管理中，行政机构会像金字塔一样不断增多，行政人员会不断膨胀，每个人都很忙，但组织效率越来越低下。这条定律又被称为“金字塔上升”现象。

帕金森举例说：如果当官的A君感到工作很累很忙，那他就一定会找比他级别和能力都低的C先生和D先生当他的助手，把自己的工作分给C、D，自己掌握全局。C和D还要互相制约，不能和自己竞争。当C工作也累也忙时，A就要考虑给C配两名助手；为了平衡，也要给D配两名助手，于是一个人的工作就变成七个人干，A君的地位也随之抬高。当然，七个人会给彼此制造许多工作，比如一份文件需要七个人共同起草圈阅，每个人

的意见都要考虑、平衡，绝不能敷衍塞责，下属们产生了矛盾，他要想方设法解决；升级调任、会议出差、工资住房、培养接班人……每一项都需要认真研究，工作愈来愈忙，甚至七个人也不够了……

帕金森用英国海军部人员统计证明：1914年皇家海军官兵共有14.6万人，基地的行政官员、办事员有3249人，到1928年，官兵降为10万人，但基地的行政官员、办事员却增加到了4558人，增加40%。

帕金森定律深刻地揭示了行政权力扩张引发人浮于事、效率低下的“官场传染病”。如何消灭帕金森定律的副作用是我国各级政府及国有企业面临的紧要问题。建国初期，一个县的行政管理人员只有几百人，而现在则有上千人乃至上万人。庞大的行政管理开支必然落到每个纳税人身上，过多的行政干预必然制约经济的发展，还会“没事找事”。在计划经济时代，有的公社连每株玉米的间距多少厘米都要制订计划，还要层层落实，确实十分辛苦。然而，由于土壤肥瘠、气候旱涝等诸多因素，谁也不买领导的账。

还有一则计划经济时代的真实笑话，说某厂盖厕所，报告经过层层审批，经费总算批下来了，但只够盖一间的，经过厂领导反复研究拍板，先盖一间男厕所，至于女厕所，只有明年再说了……帕金森定律都影响到了厕所建设，方便的事不方便了，的确该引起重视，应反复讨论研究、制定切实计划加以解决。

把一堆螃蟹放进一只篓子里，即使不盖上盖，
螃蟹也爬不出来。

第二十二条军规
Catch-22

钱大川

“如果你能证明自己发疯，那就说明你没疯。”这句话出自美国作家约瑟夫·赫勒（Joseph Heller)根据自己在第二次世界大战中的亲身经历创作的黑色幽默小说《第二十二条军规》(1961)。这部小说太有影响力了，以至于在当代美语中，Catch-22已作为一个独立的单词，使用频率极高，用来形容任何自相矛盾、不合逻辑的规定或条件所造成的无法摆脱的困境、难以逾越的障碍，表示人们处于左右为难的境地，或者是一件事陷入了死循环，或者跌进逻辑陷阱等等。根据小说改编，由迈克·尼科尔斯导演、派拉蒙公司摄制的同名影片也于1970年上映。

主人公约翰·尤萨林上尉（Captain John Yossarian）是美国陆军第27航空队B-25轰炸机上的一名领航员兼投弹手，他渴望保住自己的性命。根据司令部规定，完成25次战斗飞行的人就有权申请回国，但必须得到长官批准。当尤萨林完成32次任务时，联队长卡思卡特上校已经把指标提高到40次了。等他飞完44次，上校又改成50次。当他飞完51次，以为马上就能回国了，定额又提高到60次。因为第二十二条军规规定，军人必须服从命令，即使上校违反了司令部的规定，在他飞完规定次数后还叫他飞，那他也得去，否则他就犯下违抗命令的罪行。所以无论他飞满多少次，上校总可以继续增加定额，而他却不得违抗命令。如此反复，永无休止。官兵们的精神已近乎崩溃，可谁也不可能停飞。于是他

逃进医院装病，军医说他是“在白费时间”，他“当场就决定发起疯来”，因为根据条例，精神失常的人是不准上天飞行的，但这只能由他本人提出申请。而一个人在面临真正的危险时能够担心自身安全，就证明他神志清醒。

于是就产生了如下逻辑：如果你疯了，只要你申请就允许你停飞。可你一旦提出申请，就证明你不是疯子，还得接着飞。最后，尤萨林终于明白：“这里面只有一个圈套，就是第二十二条军规。”这也是作者写在小说扉页上的一句话。“我敢打赌，它根本就不存在。”尽管他确信无疑，可那又有什么用呢？问题在于每个人都认为它存在。而更糟糕的是，它没有什么实实在在的内容或条文可以让人们嘲笑、驳斥、指责、批评、攻击、修正、憎恨、谩骂、啐唾沫、撕成碎片、踩在脚下或者烧成灰烬。

最后，他不得不开小差逃往中立国瑞典。

具有无上权力和随意性的第二十二条军规并不存在而又无所不在，是一种有组织的混乱和制度化疯狂的象征。它既是一项具体而荒谬的法律条文，更是一种抽象的专制现实。它永远对，你永远错；它总有理，你总没理。它总是与灭绝人性的官僚体制如影随形，使你永远无法摆脱，无法逾越。

在现实生活中，我们也时常会遭遇大大小小的“第二十二条军规”，其实就是形形色色的制度陷阱，通常在资源被强势一方所垄断，当事人双方信息严重不对称或权利不平等的情况下最容易产生。它类似“霸王”条款，简直就像是为官员权力寻租或行政免责而量身度造的。比如在某些国家，你要当医生就必须先获得从业资格，而资格的认定条件却是“行医××年以上”。也就是说，要取得从业资格必须先有从业经历，可没有从业资格你却无法取得从业经历。

过去单位分房和评职称、评奖过程中产生的“第二十二条军规”最多。它们通常都采取“群众评议，领导拍板”的所谓民主集中制方式，给暗箱操作留下巨大空间。总是先成立一个带倾向性的评委会，通过不断制造针对某些人群的新规则，抬高他们的门槛，发布一轮又一轮的排行榜，等到评选程序复杂到足以把所有人都搞晕时，才有机会把不合己意的人选打压出局，从而把有某种背景的人选推上去。

在一个相对封闭的环境中，规则或者说“土政策”通常是上级比着自己鞋后跟划定的，对下的刚性和对上的弹性都很大，所以执行起来既要坚持制度的原则性，又要把握政策的灵活性，结果自然会因人而异，就看解释权在谁手里了。

如果你不创收，没人能养活你；如果你能创收，
下了岗也饿不着你。所以你不下岗谁下岗？

——某领导对下岗人员如是说

蘑菇管理

陈　哲

蘑菇管理这一说法来自20世纪70年代一批年轻的电脑程序员的自嘲。由于当时许多人不理解他们的工作，持怀疑和轻视的态度，所以年轻的电脑程序员就经常自嘲，自己过着“像蘑菇一样的生活”。

蘑菇管理其实是许多组织对待初出茅庐者的一种管理方法，初学者被置于阴暗的角落（不受重视的部门，或打杂跑腿的工作），浇上一头大粪（无端的批评、指责、代人受过），任其自生自灭（得不到必要的指导和提携）。

卡莉·费奥丽娜从斯坦福大学法学院毕业后，第一份工作是在一家地产经纪公司做接线员，她每天的工作就是接电话、打字、复印、整理文件。尽管父母和朋友都表示支持她的选择，但很明显这并不是一个斯坦福毕业生应做的工作。她毫无怨言，在简单的工作中积极学习。一次偶然的机会，几个经纪人问她是否还愿意干点别的什么，于是她得到了一次撰写文稿的机会，就是这一次，她的人生从此改变。这位卡莉·费奥丽娜就是惠普公司的CEO。

一个组织，一般对新进人员都一视同仁，无论你是多么优秀的人才，都只能从最简单的事情做起。“蘑菇”的经历，对于成长中的年轻人来说，就像蚕茧，是羽化前必须经历的过程。

如今就业形势非常紧迫，刚出校门的毕业生由于没有从业经历，很难找到满意的工作，于是有些人选择了先就业后择业。在社会上工作和在学校里学习有天壤之别，首先要做的就是磨去棱角适应社会，把年轻人的傲气和知识分子的清高去掉，摆正心态，放低姿态。这些社会新人如果明白蘑菇管理的道理，就能从最简单最单调的事情中学习，努力做好每一件小事，多干活少抱怨，更快适应社会角色，赢得前辈们的认同和信任，从而较早地结束蘑菇时期，进入真正能发挥才干的领域。

蘑菇管理是一种特殊状态下的临时管理方式，管理者要把握时机和程度，被管理者一定要诚心领会，早经历早受益。

独自一人走，今天就能出发。和另一个人同行，就得等他准备好。

——梭罗

皮格马利翁效应

陈　哲

皮格马利翁是古希腊神话里的塞浦路斯国王，他爱上了自己雕塑的一尊少女像，并且真诚地期望自己的爱能被接受。他真挚的爱情和真切的期望感动了爱神阿芙洛狄忒，于是，阿芙洛狄忒给了雕像生命，皮格马利翁的幻想也变成了现实。因此，我们把由期望而产生实际效果的现象叫作皮格马利翁效应。

皮格马利翁效应是由美国著名心理学家罗森塔尔发现的。一次，他来到一所小学，声称要进行一个“未来发展趋势测验”，并以赞赏的口吻将一份“最有发展前途者”的名单交给了校长和相关老师，叮嘱他们务必要保密，以免影响实验的正确性。其实他撒了一个“权威性谎言”，因为名单上的学生根本就是随机挑选出来的。8个月后，奇迹出现了。凡是上了名单的学生，各科成绩都有了较大的进步，且各方面都很优秀。显然，罗森塔尔的“权威性谎言”发生了作用，因为这个谎言对老师产生了暗示，左右了老师对名单上学生的能力的评价；而老师又将这一心理活动通过自己的情感、语言和行为传递给学生，使他们强烈地感受到来自老师的爱和期望，变得更加自尊、自爱、自信、自强，从而在各方面取得了异乎寻常的进步。这和霍桑效应是异曲同工的，只不过前者是发现于教育界，后者产生在工业化车间。

心理学家威廉·詹姆斯说过，人性中最深切的渴望就是获得他人的赞

赏，这是人类有别于动物的地方。对于孩子来说，由于年龄小，心理尚不成熟，他们最强烈的需求和最本质的渴望就是得到别人的称赞，尤其是来自父母的鼓励。一个人如果在童年时代很少被称赞，就会直接影响到他的发展，甚至导致他一生的个性缺陷。

顽童当州长的故事是皮格马利翁效应的一个典型范例。罗杰·罗尔斯出生在纽约一个叫作大沙头的贫民窟，在这里出生的孩子长大后很少能获得较体面的职业。罗尔斯小时候，正是美国嬉皮士流行的时代，他跟当地其他孩子一样，顽皮、逃课、打架、斗殴，无所事事，令人头疼。幸运的是，罗尔斯当时所在的诺必塔小学来了位叫皮尔·保罗的校长，有一次，当调皮的罗尔斯从窗台上跳下，伸着小手走向讲台时，出乎意料地听到校长对他说："我一看就知道，你将来会成为纽约州州长。"校长的话给了年幼的罗尔斯很深的触动，从此，他记下了这句话，"纽约州州长"就像一面旗帜，带给他信念，指引他成长。他的衣服上不再沾满泥土，他说话时不再夹杂污言秽语，开始挺直腰杆走路，并很快成了班长。几十年间，他没有一天不按州长的身份要求自己，终于在51岁那年，成了纽约州历史上第一位黑人州长。

对犯罪少年的研究也表明，许多孩子成为少年犯的原因之一，正是受到了不良期望的影响。他们因为在小时候偶尔犯过的错误而被贴上了"不良少年"的标签，这种消极的期望引导着孩子们，使他们也越来越相信自己就是"不良少年"，最终走上犯罪的道路。

皮格马利翁效应表明：每一个孩子都能成为非凡的人，一个孩子能不能成为天才，关键是家长和老师能不能像对待天才一样地爱他、期望他、教育他。

有时，夸奖是最好的贿赂。

彼得原理

陈 哲

管理学家彼得在1969年出版的《彼得原理》一书中提出：人们在某一个岗位取得一定成就以后，就会趋向于被晋升到更高一级的岗位，一直晋升到自己不能胜任的岗位为止，这可能会导致组织里面的所有岗位都会被不胜任其职的人所占据。而在新的岗位上，被晋升者使用的往往是他们在低层次岗位上使用的管理经验和办法，显然，这在更高层次是不适用

的。由此导致整个组织内部的管理水平下降，组织的效率不高。

彼得原理是通过对千百个失败案例的分析而归纳出来的。彼得首次公开说明这一原理是在1960年9月美国联邦政府出资的一次研习会上，听众是一群负责教育研究计划并刚获晋升的项目主管，彼得认为他们中多数人“只是拼命想复制一些老掉牙的统计习题”，于是以彼得原理说明他们的困境。

彼得原理描述了组织中随处可见的各种可笑的事情。大刘在一家IT公司从事技术开发工作。由于他工作努力，肯钻研，为人和气又乐于助人，深受上司赏识和同事好评。大刘的性格非常适合他的岗位：可以试验各种创新，以工作为乐，与世无争。很快，公司便把他提拔为项目主管。大刘非常感激上司对自己的知遇之恩，决心以更好的业绩来回报上司。他更加埋头苦干，想更多的点子，下属有什么难处他总是一揽子全包了。但上任不久，大刘却发现自己困难重重：一是自己在从事技术工作之余，必须要以更大的精力来管理好这个项目小组，琐碎的事情让他忙得焦头烂额，根本无暇顾及更多技术上的事；二是工作进程很不顺利，经常要加班到很晚还不能按时完成进度，同事怨言很大；三是小组中资历比自己老的很多技术人员对自己不服气，自己又不好意思说什么。结果，上司、同事、自己都很不满意，大刘从优秀的技术专家变成了不称职的项目主管。

彼得原理说明，提拔职员或干部一定要着眼于潜力，重视人与岗的匹配，目前的成绩并不能作为提升的理由，而要看到他是否能在更高的层次上发挥能力。

为官择人，不可造次。用一君子，则君子毕至；
用一小人，则小人竞进矣。

——司马光

哈默定律

陈 哲

犹太人阿曼德·哈默1898年生于纽约，1917年在医学院学习期间掌管了父亲的一家制药工厂。由于经营有方，他成了美国当时唯一的大学生百万富翁。他在20世纪20年代与苏联进行了大量的易货贸易，无论从生意上还是和苏联领导人的关系上（如列宁、托洛茨基、赫鲁晓夫、米高扬、勃列日涅夫、苏斯洛夫等）都获得了很大的收益。后来他又涉足艺术品收藏与拍卖、酿酒、养牛、石油等行业，在每一个领域里都取得了非凡的成就。无论从哪个方面说，他都是一个带有传奇色彩的人物。九十岁时，他仍然担任着西方石油公司的董事长一职，每天工作十多个小时，每年都在空中飞行几十万公里。1987年，他完成了《哈默自传》，这是他一生成功经验的浓缩，其中就包含了哈默定律。哈默定律的核心思想是：天下没有坏买卖，只有蹩脚的买卖人。

1924年1月16日，列宁逝世，这对哈默在苏联的活动产生了负面的影响。就在他考虑是否有必要继续留在苏联的时候，他无意间走进了一家商店，想买一支铅笔。售货员给他拿了一支德国制造的铅笔。这种铅笔在美国只卖两三美分，在苏联却卖26美分。此时，哈默已经把这支铅笔同百万美元的生意联系起来了。他去问当时的苏联教育人民委员克拉辛："您的政府是不是已经制定了要求每个苏联公民都得学会读书和写字的政策？""当然，我们认为这是我们的基本任务之一。""假如是这样的话，我

想要获得一张生产铅笔的执照。”事情就这样办成了，而此时的哈默还根本就不知道如何制造铅笔。于是他去德国和英国，以高薪聘请制造铅笔的行家里手，随后回到莫斯科选址建厂。虽然他深切地感到，列宁带来的黄金时代已发生巨大变化，但他最终还是历经艰苦办起来了工厂，甚至还比计划提前了几个月开工。这个工厂后来成了世界上最大的铅笔工厂。

还有一个大家耳熟能详的卖梳子的故事。经理考验推销员，给他们一天的时间去向和尚推销梳子。第一个人宣传梳子质量如何好，对头发是如何好，还可以按摩，最后他骗了一个头上长癞的小和尚说梳子可以抓痒，终于卖出了一把。第二个人提醒和尚说香客们的头发被风吹乱了是对佛大不敬，而和尚如果听之任之的话就是一种罪过了，结果他卖出了十把——每座佛像前放置一把，供香客整理仪容。而第三个人竟然卖出了三千把！原来，他到了最大的寺庙里，直接向方丈提出了帮助寺里增加香火钱的建议：在寺里最热闹的地方贴上告示，只要捐钱就可以获得一把功德梳。如果拿着这把功德梳在人多的地方梳头，就能梳去晦气，梳来运气。于是很多人捐钱后就梳头，这又引得更多的人去捐钱，三千把梳子一下就卖光了。

从这两个故事可以看出：或取或舍显高下，一买一卖见智愚。

要克服恐惧与忧虑，请保持忙碌。

——（美）卡耐基

霍布森选择

蒋丽梅

17世纪，有一个叫霍布森的商人在英国剑桥做马匹生意，他在卖马时承诺：无论是买马还是租马，只要给一个低廉的价格，就可以随意挑选。但他又附加了一个条件：只允许挑选能牵出圈门的那匹马，但其实这是一个圈套。他在马圈上只留了一个小门，大马、肥马、好马根本就出不去，出去的都是些小马、瘦马、懒马。显然，附加这个条件实际上就等于不能挑选。大家挑来挑去，自以为完成了满意的选择，但选择的结果可想而知。这种没有选择余地的所谓挑选，被人们讥讽为“霍布森选择（Hobson's choice）”。

一个企业家在挑选部门经理时，往往只局限于在自己的圈子里挑选人才，选来选去，再怎么公平、公正和自由，也只是在小范围内进行挑选，很容易出现“霍布森选择”的局面，甚至出现“矬子里拔将军”的惨淡情况。如果要选“马”，就要当个好“伯乐”，跳出马圈的圈子，到大草原去选“马”、到全世界去选“马”，打开思维空间，扩大资源的配置半径，充分利用国内国际两个市场、两种资源。一般地讲，配置资源的半径越大，企业就越处于优势，反之，配置资源的半径越小，企业就越会处于劣势。只有放宽眼界，打开思维，放眼世界，才能选到世界级的“千里马”。

管理学上有一条重要的格言：“当看上去只有一条路可走时，这条路

往往是错误的。”毫无疑问，只有一种备选方案就无所谓择优，没有了择优，决策也就失去了意义。一些管理者在处理突发事件时，往往在危急关头拍脑袋、灵机一动，以此来进行决策，这其实是一种领导艺术不高或没有领导艺术的表现。管理者还是应当在已有知识、经验的基础上，运用直觉、想象力、创新思维，找出尽可能多的方案进行抉择，防止自己陷入没有余地的“霍布森选择”。

在“霍布森选择”中，人们自以为做出了抉择，而实际上思维和选择的空间都是很小的。有了这种思维的自我僵化，当然不会有创新，所以它是一个陷阱，让人们在进行伪选择的过程中自我陶醉而丧失了创新的时机和动力。

美国经济学家威廉·鲍莫尔曾指出，高科技产业竞争非常激烈，要想生存下来，企业必须在政府及企业自己资助的基础研究项目中，最大限度地投入资金，开发新材料、新设备、新系统、新方法和新模型。换句话说，要么创新，要么束手待毙。

很多人走过的路肯定最安全，但这条路不会有很多猎物。

——纪德

二八法则

陈 哲

我们在日常生活中会发现一些有趣现象：看电视时，将80%的时间花在20%的节目上；外出吃饭时，80%的情况下会前往20%的餐馆；阅读时，80%的书籍取自书架上20%的书……

隐藏在这些现象背后的便是经济学的经典理论之一：二八法则。二八法则又叫80/20原理，是20世纪初意大利统计学家、经济学家维尔弗莱多·帕累托提出的，他指出：在任何特定群体中，重要的因子通常只占少数，而不重要的因子则占多数，因此只要能控制具有重要性的少数因子即能控制全局。这个原理经过多年的演化，已变成当今管理学界所熟知的二八法则——即80%的公司利润来自20%的重要客户，其余20%的利润则来自80%的普通客户。

有人说：“美国人的金钱装在犹太人的口袋里。”为什么？犹太人认为，存在一条78：22宇宙法则，世界上许多事物，都是按78：22这样的比率存在的，比如空气中，氮气占78%，氧气及其他气体占22%。他们把这个法则也用在生存和发展之道上，始终坚持二八法则，尽量把精力用在最见成效的地方。美国企业家威廉·穆尔在为格利登公司销售油漆时，第一个月只挣了160美元。此后，他仔细研究了犹太人经商的“二八法则”，分析了自己的销售图表，发现80%的收益果然来自20%的客户，但是他过去却对所有的客户花费了同样多的时间——这就是他过去失败的主

要原因。于是，他要求把他最不活跃的36个客户重新分派给其他销售人员，而自己则把精力集中到最有希望的客户上。不久，他一个月就赚到了1000美元。穆尔学会了犹太人经商的二八法则后，连续九年始终坚持以这个法则经商，终使他成为凯利-穆尔油漆公司的董事长。

不仅犹太人是这样，许多世界著名的大公司也非常注重二八法则。比如，通用电气公司永远把奖励放在第一，它的薪金和奖励制度使员工们工作得更快、也更出色，但只奖励那些完成了高难度工作指标的员工；摩托罗拉公司认为，在100名员工中，前面25名是好的，后面25名差一些，应该做好两头人的工作。对于后25人，要给他们提供发展的机会；对于表现好的，要设法保持他们的激情；诺基亚公司也信奉二八法则，为最优秀的20%的员工设计出一条梯形的奖励曲线。

二八法则不仅在经济学、管理学领域应用广泛，对我们的自身发展也有重要启示，我们要学会避免将时间和精力花在琐事上，要学会抓主要矛盾。一个人的时间和精力都是非常有限的，要想真正“做好每一件事情”几乎是不可能的，要学会合理分配时间和精力。要想面面俱到还不如重点突破。把80%的资源花在能出关键效益的20%的方面，这20%的方面又能带动其余80%的发展。

虽然 80% 的利润来自 20% 的客户，
但如果没有 80% 的客户，
所有的利润都会成为空中楼阁。

印象管理

李　军

只要是正常人，就没有不要脸面的，所有人都想在人前保持一个“形象”，并愿意为此付出一定代价，由此诞生了“印象管理”一词。

印象管理是心理学家库利、戈夫曼等人提出的。他们认为，个体总是希望获得群体的赞同，并想控制社会交往的结果，所以，我们每个人都非常注意自己在他人面前和社交场合中的形象，这种形象包括语言、仪态、穿着、动作等。参加重要的会议、会见重要的人物或作一个报告，都要西装革履，穿戴整齐；年轻姑娘和小伙子在约会前都要对镜梳妆，刻意打扮一番，以期给对方留下美好印象；在求职的招聘会上，除了穿着得体、仪态大方以外，还要对如何介绍自己、如何表达自己的才能仔细考虑一番；在与他人谈话时，往往以微笑、皱眉、语音、语调等，来使别人了解自己的看法或意见。这些都属于印象管理。

在人际交往中，每个人都希望维持一种和当前社会情景相适应的形象，并确保从别人那里获得使彼此双方都愉快的评价。如果一个人的形象能成功地获得别人的赞同，就是“有了面子”；反之，形象受到了损害，就是“丢了面子”。所以，每个人总是通过印象管理，努力在保持个人的面子，同时也努力使别人保住面子。例如，当一位热恋中的小伙子被女朋友甩了，他总会在别人面前拿出一副无所谓的样子说，彼此性格不合，而很少痛苦地说，是人家不要我了。当一位同事穿着一身新衣裙在马路边滑

倒时，最好的办法就是装着没看见，赶快离开。这样要比跑过去把她扶起来效果更好，免得她在同事面前丢面子。当一位领导在台上做报告时，大家都看到了他嘴角沾的饭粒，但仍然正襟危坐，谁也不会在会上公开告诉他，那将会使他很丢面子。

印象管理是一个社会的基本事实，每个人都在有意无意地进行印象管理。例如，在家里你可以穿着短裤，踩着拖鞋，在会议上就必须衣冠整齐，不能穿着休闲装满会议室跑。印象管理是人际交往的润滑剂，你尊重别人，给了别人面子，别人也会尊重你，给你面子。如此一来，交往的双方都从对方那里获得赞同，人际交往变得更加美好愉快。而不顾场合、交往对象，一味我行我素的人，往往被认为是缺乏教养、举止粗鲁之人。当然，也有人利用印象管理，见风使舵，以虚伪的面目欺人。

溜冰冠军的经验是：“跌倒了爬起来！”

破窗效应

蒋丽梅

美国斯坦福大学心理学家菲利普·辛巴杜（Philip Zimbardo）于1969年进行了一项实验，他找来两辆一模一样的汽车，把其中的一辆停在加州帕洛阿尔托的中产阶级社区，而另一辆停在相对杂乱的纽约布朗克斯区。停在布朗克斯的那辆，他把车牌摘掉，把顶棚打开，结果当天就被偷走了。而停放在帕洛阿尔托的那一辆，一个星期也无人理睬。后来，辛巴杜用锤子把那辆车的玻璃敲了个大洞。结果仅仅过了几个小时，它就不见了。

以这项实验为基础，政治学家威尔逊和犯罪学家凯琳提出了一个“破窗效应”理论，认为：如果有人打坏了一幢建筑物的窗户玻璃，而这扇窗户又得不到及时的维修，别人就可能受到某些暗示性的纵容去打烂更多的窗户。久而久之，这些破窗户就会给人带来一种无序的感觉，在这种氛围中，犯罪就会滋生、繁荣。

我们日常生活中也经常有这样的体会：一间房子如果窗户破了，没有人去修补，隔不久，其他的窗户也会莫名其妙地被人打破；一面墙上如果出现一些没有清洗掉的涂鸦，很快墙上就会被画满乱七八糟的线条；在一个很干净的地方，人们会很不好意思扔垃圾，但是一旦地上有垃圾出现，人们就会毫不犹豫地随地乱扔垃圾，丝毫不觉得羞愧。这就是“破窗效应”的表现。

纽约市交通警察局局长布拉顿受到了“破窗理论”的启发。纽约的地铁被认为是“可以为所欲为、无法无天的场所”，针对纽约地铁犯罪率的飙升，布拉顿以“破窗理论”为师，号召所有的交警认真推进有关“生活质量”的法律，并全力打击逃票。结果发现，每七名逃票者中，就有一名是通缉犯；每二十名逃票者中，就有一名携带凶器。结果，从抓逃票开始，地铁站的犯罪率竟然下降，治安大幅好转。他的做法显示出，小奸小恶正是暴力犯罪的温床，若能针对这些看似微小、却有象征意义的违章行为大力整顿，便可以大大减少刑事犯罪。

在日本，有一种被叫作“红牌作战”的质量管理活动。日本的企业将有油污、不清洁的设备贴上具有警示意义的“红牌”，将藏污纳垢的办公室和车间死角也贴“红牌”，以促其迅速改观，从而使工作场所清洁整齐，营造出一个舒爽有序的工作氛围。在这样一种积极暗示下，久而久之，人人都遵守规则，认真工作。实践证明，这种工作场所的整洁对于保障企业的产品质量起到了非常重要的作用。

好的东西人们会尽量保护它，而差的则会使人们自觉不自觉地任其变得更坏。对于影响深远的“小过错”采取“小题大做”的方式去处理，以防止“千里之堤，溃于蚁穴”，正是及时修好“第一块打碎的窗玻璃”的明智举措。

很多男人同情茶花女的悲惨命运，但他们却更想占有茶花女。被污辱的漂亮女孩让人同情，更让男人产生邪念。

——读《茶花女》有感

破窗谬论

唐斯斯

“破窗谬论”源于一个名叫黑兹利特的学者的比喻(也有人认为这一理论是法国19世纪经济学家巴师夏作为批评的靶子而总结出来的，见其著名文章《看得见的与看不见的》)。这位黑兹利特学者说，假如小孩打破了窗户，必将导致窗户的主人不得不更换玻璃，由此产生一连串新的需求，引起了一连串经济活动，如玻璃厂要多做一块玻璃，工人为此而更加忙碌，经济活动遂呈欣欣向荣的景象，从而推动社会就业，进而拉动经济增长。换句话说，“破窗谬论”就是典型的“破坏创造财富”。

在中国，“破窗谬论”被一些学者当成了“至宝”。1998年我国南方遭遇百年不遇的洪灾时，有学者曾经撰文分析，依照破窗谬论，我国的经济将会因此而加速增长，“9 · 11”事件又给了“破窗谬论”一个施展的机会，还好没有人用它来重新评定“一战”“二战”的作用，否则连西方经济学家都会自愧弗如。大肆宣扬“破窗谬论”是阿Q精神的再现，明明洪水毁灭了人们的家园，卷走了人们赖以生活的一切，甚至夺去了人民宝贵的生命，造成巨大的损失，但他们还振振有词地说这有利于经济发展。如果这种天灾可以拉动需求，扩大就业，促进经济发展，那就大可不必花大量的人力物力来兴建什么防洪大坝，而应该将大坝掘开，“让洪水猛兽来得更猛烈些吧!”真不知天下还有如此发展经济的“捷径”。照这种逻

辑，真是连小偷都该表彰了。

“破窗谬论”的荒谬之处，一是它忽视了这种“破窗”引起的经济活动是以社会资源的浪费和生命财产的损失为代价的；二是它盲目乐观地臆测了破窗后增加的消费行为。例如，如果一个人被偷了，本来收入并不丰厚的他可能会减少购物，缓解财产损失可能带来的拮据状况。而且因为担心再次遭遇小偷，可能会减少外出的次数，消费支出就更少了。同时，小偷的猖獗给人们的心理造成了极大的恐惧和不安，政府就要加大力量，投入更多的财力来整顿治安，而这些钱本来可以用到建设上的。

要想在“破窗”后拉动消费，从而带动经济增长，归根结底是制度问题，除非政府有完善的危机应对机制以及保护民众利益的具体措施，否则，查不出破窗的肇事者，就只能由住户自己买单，他如果没钱配玻璃，破窗可能永远是破窗，最多糊上层纸。

奇迹都是在厄运中出现的。

——培根

科斯定理

张　旭

1991年获诺贝尔经济学奖的罗纳德·科斯教授有两篇影响力很大的论文。一篇是1937年发表的《论企业的性质》，文中提出了被后人概括为“交易成本”的概念；另一篇是1960年发表的《论社会成本问题》，这篇论文强调了“产权”在经济问题中的重要地位。科斯定理，可以通俗地表述为：在明确产权的前提下，不需要政府干预市场交易。

在经济学家眼中，每个人都是趋利的。在现实生活中，人们的趋利行为，大概可分为两类：一类是损人利己，先损人，才能后利己，如坑蒙拐骗，这与犯罪区别不大；另一类是利己损人，为了利己，在不自觉中损了人，如企业污染。这类行为则比较常见。

钢铁厂生产钢，表面上付出的代价是铁矿石、煤炭、人力劳动等，但这些只是“私人成本”，在生产过程中排放的污水、废气、废渣，则是“社会成本”。如果仅计算私人成本，生产钢铁也许是合算的，但如果从社会的角度看，可能就不合算了。于是，经济学家提出，要通过征税解决这个问题，即政府出面干预，赋税使得成本高了，生产量自然会小些。但是，恰当地规定税率和有效地征税，也要花费许多成本。于是，科斯提出：政府只要明确产权就可以了。如果把产权“判给”河边居民，钢铁厂不给居民们赔偿费就别想在此设厂开工；若付出了赔偿费，成本高了，产量就会减少。如果把产权界定到钢铁厂，如果居民认为付给钢铁厂一些“赎金”

可以使其减少污染，由此换来健康上的好处大于那些赎金的价值，他们就会用“收买”的办法“利诱”厂方减少生产从而减少污染。当厂家多生产钢铁的赢利与少生产钢铁但接受“赎买”的收益相等时，它就会减少生产。从理论上说，无论是厂方赔偿，还是居民赎买，最后达成交易时的钢产量和污染排放量会是相同的。但是，产权归属不同，在收入分配上当然是不同的：谁得到了产权，谁可以从中获益，而另一方则必须支付费用来“收买”对方。总之，无论财富分配如何不同，公平与否，只要划分得清楚，资源的利用和配置是相同的——都会生产那么多钢铁、排放那么多污染，而用不着政府从中“插一杠子”。那么政府做什么呢?明确产权，并且有效地保护产权。

科斯定理表明，市场的真谛不是价格，而是产权。只要有了产权，人们自然会“议出”合理的价格来。

但是，明确产权只是通过市场交易实现资源最优配置的一个必要条件，却不是充分条件。另一个必要条件就是“不存在交易成本”。交易成本，简单地说，就是为达成一项交易、做成一笔买卖所要付出的时间、精力和产品之外的金钱，如市场调查、情报搜集、质量检验、条件谈判、讨价还价、起草合同、聘请律师、请客吃饭，直到最后执行合同、完成一笔交易，都是费时费力的。就河水污染这个问题而论，居民有权索偿，但可能会漫天要价，把污染造成的“肠炎”说成“胃癌”；在钢铁厂有权索要“赎买金”的情况下，它可能把减少生产的损失一元说成十元。无论哪种情况，对方都要调查研究一番。如果只是一家工厂和一户居民，事情还好办。当事人的数目一大，麻烦就更多，因为有了“合理分担”的问题。如果是多个厂家，谁排了污水、排了多少，如何分摊赔偿金或如何分享“赎买金”就要先扯皮一番；如果是多户居民，谁受害重，谁受害轻，怎么分担费用或分享赔偿，也可打得不可开交。正是这些交易成本，可能使得前面所说的那种由私人交易达到的资源配置无法实现——或是大家一看有这么多麻烦，望而却步。所以说，科斯定理的“逆反”形式是：如果存在交易成本，即使产权明确，私人间的交易也不能实现资源的最优配置。

科斯定理的两个前提条件各有所指，但并不是完全独立、没有联系。最根本的是明确产权对减少交易成本的决定性作用。产权不明确，后果就是扯皮永远扯不清楚，意味着交易成本无穷大，任何交易都做不成；而产权界定得清楚，即使存在交易成本，人们在一方面可以通过交易来解决各种问题，另一方面还可以有效地选择最有利的交易方式，使交易成本最小化。

自私自利者烧掉你的房子，
可能仅仅是为了烤熟一只鸡。
——诺安

墨菲定律

蒋丽梅

墨菲定律（Murphy’s Law）缘于美国一位名叫墨菲的上尉。他认为他的某位同事是个倒霉蛋，不经意说了句笑话：“如果一件事情有可能被弄糟，让他去做就一定会弄糟。”这句话迅速流传开来，并慢慢作为一个“定律”逐渐进入习语范畴，其内涵被赋予无穷的创意，出现了众多的变体，“如果坏事有可能发生，不管这种可能性多么小，它总会发生，并引起最大可能的损失”“If anything can go wrong,it will.（会出错的，终将会出错）”“笑一笑，明天未必比今天好”“东西越好，越不中用”“别试图教猪唱歌，这样不但不会有结果，还会惹猪不高兴!”……

墨菲定律的原话是这样的：“If there are two or more ways to do something, and one of those ways can result in a catastrophe, then someone will do it.”（如果有两种选择，其中一种将导致灾难，则必定有人会作出这种选择。）根据“墨菲定律”可以得出结论：任何事都没有表面看起来那么简单；所有的事都会比你预计的时间长；会出错的事总会出错；如果你担心某种情况发生，那么它就更有可能发生。

我们都有这样的体会，如果在街上准备拦一辆车去赴一个时间紧迫的约会，你会发现街上要么所有的出租车都有客，要么就根本没有出租车，而当你不需要租车的时候，却发现有很多空车在你周围游弋，随时一扬手，车就停在你的面前；如果你把一片干面包掉在你的新地毯上，它两面都可能着地，但你把一片一面涂有果酱的面包掉在新地毯上，常常是有果酱的那面朝下。

墨菲定律告诉我们，容易犯错误是人类与生俱来的特点，不论科技多发达，事故都会发生。而且解决问题的手段越高明，面临的麻烦就越严重。所以，我们在事前应该是尽可能想得周到、全面一些，如果真的发生不幸或者损失，就笑着应对吧，关键在于总结所犯的错误，而不是企图掩盖它。事故之后，人们总是要积极寻找事故原因，以防止下一次事故发生，这是人的一般理性都能够理解的，否则，或者从此放弃，或者听任下一次事故再次发生，这都不是一个好的结果。

人永远也不可能成为上帝，当你妄自尊大时，“墨菲定律”会叫你知道厉害；相反，如果你承认自己的无知，“墨菲定律”会帮助你做得更严密些。

这其实是概率在起作用，人算不如天算，如老话说的“上的山多终遇虎”。还有“祸不单行”。如彩票，连着几期没出大奖，最后必定滚出一个千万大奖来，灾祸发生的概率虽然也很小，但累积到一定程度，也会从最薄弱的环节爆发。所以，关键是要平时清扫死角，消除不安全隐患，降低事故概率。

怕什么来什么，
好的状态是只想技术要领，忘掉自己。

羊群效应

陈　哲

有则幽默故事讲：一位石油大亨到天堂去，发现天堂已经人满为患，没有地方落脚，于是他灵机一动，喊了一声："地狱里发现石油了！"这一喊不要紧，天堂里的石油大亨们纷纷向地狱跑去，很快，天堂里就只剩下那位后来的了。这时，这位大亨心想，大家都跑了过去，莫非地狱里真的发现石油了？于是，他也急匆匆地向地狱跑去。

这就是羊群效应的典型表现。羊群是一种很散乱的组织，平时在一起也是盲目地左冲右撞，但一旦头羊动起来，其他的羊也会不假思索地一哄而上，全然不顾旁边可能有的狼和不远处更好的草。因此，羊群效应就是比喻人都有一种从众心理，从众心理很容易导致盲从，而盲从往往会陷入骗局或遭遇失败。

法国科学家让·亨利·法布尔曾经做过一个松毛虫实验。他把若干松毛虫放在一只花盆的边缘，使其首尾相接成一圈，在花盆的不远处，又撒了一些松毛虫喜欢吃的松叶，松毛虫开始一个跟一个绕着花盆一圈又一圈地走。这一走就是七天七夜，最后，饥饿劳累的松毛虫尽数死去。而可悲的是，只要其中任何一只稍微改变路线就能吃到嘴边的松叶。

动物如此，人也不见得更高明。社会心理学家通过研究发现，影响从众的最重要的因素是持某种意见的人数多少，而不是这个意见本身。人多本身就有说服力，很少有人会在众口一词的情况下还坚持自己的不同意

见。“群众的眼睛是雪亮的”“木秀于林，风必摧之”“出头的椽子先烂”这些教条紧紧束缚了我们的行动。20世纪末期，网络经济一路飙升，互联网公司遍地开花，所有的投资家都在跑马圈地卖概念，IT业的CEO们在比赛烧钱，烧多少，股票就能涨多少，于是，越来越多的人义无反顾地往前冲。2001年，一朝泡沫破灭，浮华尽散，大家这才发现，在狂热的市场气氛下，获利的只是领头羊，其余跟风的都成了牺牲者。

当然，任何存在的东西总有其合理性，羊群效应并不见得就一无是处。这是自然界的优选法则，在信息不对称和预期不确定的条件下，看别人怎么做确实是风险比较低的（这在博弈论、纳什均衡中也有所说明）。

羊群效应可以产生示范学习作用和聚集协同作用，这对弱势群体的保护和成长是很有帮助的。

羊群效应告诉我们：对他人的信息不可全信也不可不信，凡事要有自己的判断，出奇能制胜，但跟随者也有后发优势，常法无定法！

要点评四周的风景，就要先爬上屋顶。

——歌德

印刻效应

蒋丽梅

1910年，德国行为学家海因罗特在实验中发现一个十分有趣的现象：刚刚破壳而出的小鹅，会本能地跟随在它第一眼见到的自己的母亲后面。但是，如果它第一眼见到的不是自己的母亲，而是其他活动物体，如一只狗、一只猫或者一只玩具鹅，它也会自动地跟随其后。尤为重要的是，一旦这只小鹅形成了某个物体的跟随反应后，它就不可能再形成对其他物体的跟随反应了。这种跟随反应的形成是不可逆的，也就是说小鹅承认第一，却无视第二。这种后来被另一位德国行为学家洛伦兹称之为“印刻效应”的现象，不仅存在于动物之中，而且同样存在于人类。人们往往对于第一印象记忆犹新，而对于第二、第三印象则没有深刻记忆，这就是人们常说的“先入为主”。

美国通用电气公司前任CEO杰克·韦尔奇就深谙“印刻效应”之道，并应用于企业经营之中。韦尔奇在上任的第一次年会上，就提出了“要做第一，只要不是第一就关门”的理念。他还问员工：你愿意在第一流的公司工作，还是在不入流的公司鬼混？他宁可把那些失去竞争力的部门卖给对手，也不愿意将它们留在通用公司苟延残喘。对于韦尔奇来说，要是通用电气不能做第一或者第二，那还不如让员工选择到其他第一、第二的公司工作。由于韦尔奇坚定的领导信念，通用电气在20世纪最后20年里，在经济不景气，其他企业纷纷倒台的严峻形势下成了美国

最成功的企业之一。

有人计算过，在市场上最先进入消费者心里的商品品牌，比第二位的品牌同期市场占有率要多一倍以上，而第二位的占有率又比第三位多一倍以上，显然“第一”建立的地位具有巨大的优势。

“脑白金”总裁史玉柱曾多次在营销会议上强调的“史玉柱营销法则”的第一法则就是“做一个产品必须要做第一品牌，否则很难长久，很难做得好，不做第一就不能真正获得成功”。为了当第一，“脑白金”在送礼广告上投入巨额播出广告费。所以每到过年过节，脑白金的“收礼只收脑白金”就会看得电视观众反胃。因为播出太多，又总是简单重复，令人很反感，曾被评为最缺乏创意的恶俗广告之首，但它却是推动销售最好的广告表现，留给人的印象特别深刻，很多人因此记住了脑白金。虽然每闻广告必皱眉头，但当自己购买保健礼品时，消费者不自觉地就会想起“今年过节不收礼，收礼只收脑白金”。脑白金以礼品定位稳居保健品头把交椅，在春节、中秋等送礼旺季尤为火爆，成了“第一个让小鹅看到的”。

第一个吃螃蟹的人是勇敢的，而且第一个吃螃蟹的人也是最有名的，人们只会记住第一个吃螃蟹的人，对第二个、第三个默然视之。做市场也同样如此，先入易为主，后来难居上。

管住你的舌头，就能一直拥有你的朋友。

——乔叟

印加效应

蒋丽梅

历史上位于南美洲的印加帝国在经济、政治、生活上都在统治者高度而严格的控制之下，即便是一件小事也要请示最高领导。有一天，西班牙征服者皮萨罗带领一支168人的分遣队来攻打印加，虽然印加帝国拥有20万军队，但必须经过层层请示才可出兵。西班牙人抓住时机，先活捉了印加皇帝。印加大军赶到时，看到皇帝被捉，便群龙无首，乱成一团，被几十名西班牙骑兵追杀。最终印加帝国战败了，这一战中被杀死的印加人达数千人，而西班牙人却损失很小。

印加帝国灭亡的根本原因在于管理方式的错误，这种高成本的管理方式需要高度集权和绝对统治，一旦这个前提发生了改变，就会患上一种集体失能症，给组织带来无法预期的影响。国内的企业，尤其是私企，在管理中也有印加管理方式的影子，也就是说，只要老总拍板了，一切就决定了，决策者的个人情绪和倾向极大地影响了决策的客观性。

适当的分权管理甚至放权管理，是成功企业管理的法宝。成功企业管理比较严格，工作流程也比较规范，良好的企业文化使得决策者珍视自己的形象，形成了民主而有效的管理氛围。

比如，在瑞典商业银行中，各分行的业务量甚至占到了银行总业务量的85%以上，毫无疑问，在某种程度上，分行的经营状况决定着总行的命运。因此，为了便于管理，瑞典商业银行逐步确立了分行经理一执行副

总裁一总裁的三级“分散式管理”模式。瑞典商业银行将他们的管理比喻为教堂塔：分行经理可以爬到城市教堂的顶端鸟瞰这座城市，进而能够更加清楚地观察这座城市的一切情况。这里所隐喻的当然是这样一个事实，即分行经理能够对其所在城市的客户掌握着最充分的信息资源。在他的辖区内，他可以在第一时间听到关于任何一家公司的各种传言，也能看到任何一家公司的各种行动，因此，他能够做出恰当的决定。

集体领导十分适合于这种新的现实。当情况每天都在改变的时候，快速反应是至关重要的——而那些等级森严的官僚式企业在这方面做得并不出色。南加州大学教授本尼斯说：“大多数紧急项目要求一起合作的许多有才干的人共同做出贡献。”思科系统公司总裁约翰·钱伯斯说：“很早以前我就知道一群人总是能够打败一个人的。如果你有一群超级明星，那么你就有机会建立一个王朝。”

丘吉尔曾经预言：“未来的帝国是头脑的帝国。”同样，未来的企业是头脑的企业。企业需要的资源更多地存在于员工的头脑里，企业必须千方百计将这一隐藏的资源挖掘出来。一个企业有100个人，就有100个头脑。如果只让一个头脑支配着所有的头脑，那么将无权不揽，有事必废。

什么话都说的人是什么事都不能办的人。

——拿破仑

看不见的手

门　睿

英国经济学家亚当·斯密（Adam smith,1723—1790），1776年出版了《国民财富的性质和原因的研究》，就是我们说的《国富论》。他认为经济发展中有一只“看不见的手”在发挥无形的作用。每个人在做自己的事时，并没有想到促进社会利益，而首先想到的是怎样实现自己的利益，以个人利益为出发点。当每个人都这样做的时候，就像有一只看不见的手在引导着他，其结果要比他真正想促进社会利益的效果要好得多。当社会中每一个体的利益都获得满足，那么整个社会也会得到最大的利益。简单地说，这只“看不见的手”就是个人利益，是市场机制，是价格机制，是自由竞争。

亚当·斯密请求政府不要干预经济，做一个“守夜人”。只要政府不干预经济，经济自然就会发展起来。这句话一语道破了“看不见的手”所起的作用。

在亚当·斯密自由放任经济理论的影响下，英国资本主义经济得到了长足的发展，随后是欧洲，再后是美国。“看不见的手”统治了资本主义世界150年之久，至今仍然是经济学家绕不过去的话题。

20世纪80年代改革开放初期，我国引进了几百条冰箱和彩电生产线，政府计划部门惊呼：“重复引进，浪费资源”，并连下数道“金牌”加以制止。然而，行政命令到了下面没人买账，冰箱彩电行业的发展势如

破竹。“看不见的手”起了巨大作用。经过十几年的兼并重组淘汰，中国成了世界冰箱彩电出口大国。高度垄断、严密呵护的汽车行业至今仍是国家最大的保护对象，50岁了还是“幼稚产业”。

有这样一则故事，说的是山西某国有纺织厂在全国纺织行业连年不景气的情况下，生产经营蒸蒸日上，当记者问厂长有什么诀窍时，他说：“您是想听实话还是官话?”“当然是实话。”“实话就是我们这里，交通不便，上级领导一年到头也不来一趟，没法指导厂里工作。”这则故事是说少了行政干预，“看不见的手”照样是撬动经济发展的杠杆。

“看不见的手”不是万能的。到1929年，世界性的经济危机爆发了，首先从美国开始，股市崩盘、企业破产、银行倒闭、工人失业……人们一夜之间突然发现“看不见的手”把经济搅得一塌糊涂。

于是，这时又出现一只“看得见的手”，也就是英国经济学家凯恩斯的国家干预理论。

什么时候须用“看不见的手”，什么时候用“看得见的手”，“看得见的手”管什么，怎样管？的确是政府经济管理部门的研究课题。

是以圣人处无为之事，行不言之教。

——老子

德西效应

蒋丽梅

心理学家德西在1971年做了一个专门的实验。他让大学生做被试者，在实验室里解有趣的智力难题。实验分三个阶段，第一阶段，所有的被试者都无奖励；第二阶段，将被试者分为两组，实验组的被试者完成一个难题可得到1美元的报酬，而控制组的被试者跟第一阶段相同，无报酬；第三阶段，为休息时间，被试者可以在原地自由活动，并把他们是否继续去解题作为喜爱这项活动的程度指标。实验组（奖励组）被试者在第二阶段确实十分努力，而在第三阶段继续解题的人数很少，表明兴趣与努力的程度在减弱，而控制组（无奖励组）被试者有更多人花更多的休息时间在继续解题，表明兴趣与努力的程度在增强。

德西在实验中发现：在某些情况下，人们在外在报酬和内在报酬兼得的时候，不但不会增强工作动机，反而会减低工作动机。此时，动机强度会变成两者之差。人们把这种规律称为德西效应。这个结果表明，进行一项愉快的活动（即内感报酬），如果提供外部的物质奖励（外加报酬），反而会减少这项活动对参与者的吸引力。

薪酬是企业管人的一个有效硬件，直接影响到员工的工作情绪，但是每一个公司都不轻易使用这件精确制导武器。如果使用不好，可能会带来“德西效应”，不仅不能激励员工，还可能造成负面影响。在IBM有一句拗口的话：加薪非必然！IBM的工资水平在外企中不是最高的，也不是最低的，但IBM有一个让所有员工坚信不疑的游戏规则：干得好加薪是必然的。1996年年初IBM推出个人业绩评估计划（PBC）。PBC从三个方面win（制胜）、executive（执行）、team（团队精神）来考察员工工作的情况。IBM薪酬政策的精神是通过有竞争力的策略，吸引和激励业绩表现优秀的员工继续在岗位上保持高水平。IBM独特而有效的薪金管理制度，能够通过薪金管理达到奖励先进、督促平庸。IBM将外在报酬和内在报酬相互挂钩而且有效地避免了“德西效应”的产生，这种管理已经发展成了一种高效绩文化（high performance culture）。

一个私人企业老总每每向人抱怨自己的高级人才大量走失：“我已经连续给他们涨了很多次工资了，怎么看不到一点成效呢?”就薪金这个角度来看，原有的外加报酬如果距离人才需要满足的水平太远，直接激励的原有强度又不足，必然导致“德西效应”。如果人才觉得工作本身所具有

的外在报酬和内在报酬都不尽如人意，即使外在报酬不断增加，也无法达到他的预期，转投他处是必然的结局。

薪金管理，运用之妙，可以达到意料之外的良好效果，但如果一味依赖薪金的外在刺激，却也未必能事事如意，毕竟“金钱不是万能的”。

为工作而工作，才是工作的真义。希望借工作而获得报酬的人，只是在为报酬效劳而已。

——贝克

信息不对称

唐斯斯

信息不对称理论是由美国经济学家约瑟夫·斯蒂格利茨、乔治·阿克尔洛夫、迈克尔·斯彭斯在1970年提出的。是指在市场经济条件下，市场的买卖主体不可能完全占有对方的信息，这种信息不对称必定导致信息拥有方为谋取自身更大的利益而使另一方的利益受到损害。这三位经济学家因对这一理论的杰出贡献而荣获2001年度经济学诺贝尔奖。

在旧车市场上，每一辆旧车的质量好坏是不同的，但只有卖者知道车的真实质量，买者对每一辆车的具体情况并不了解，只知道此种车的一般质量，因而愿意根据一般质量支付价格，那些低于平均质量的次品车就可以乘机脱手。这种信息不对称现象在其他市场中也存在。比如，在劳动力市场上，对于雇主来说，面对大量的应聘者，他不可能在短时间内了解他们的全部信息，只能根据应聘者提供的信息，像学历、经历、是否做过学生干部等有限信息来选择人员。正是由于劳动力市场上雇主和雇员之间的信息不对称，雇主必须靠一种市场信号（比如学历要大学本科）来进行识别。但实际上所选的大学本科生能力并不一定都强，有的甚至不能胜任工作。这就是信息不对称造成的。

所以，为减少信息不对称带来的决策失误，无论厂商还是消费者都要通过各种途径找到更好的传递信息和搜索信息的途径。首先，厂商可以提供保修承诺或以广告来向消费者传递优质产品的信号；其次，可以建立独

立的质量监督、认证机构，帮助消费者识别劣质产品；此外，还有合同解决办法（即在合同中对交易双方进行行为约束）和信誉解决办法（即允许提供优质产品的厂商获得超额利润——“信誉租金”，从而形成一种有效的激励机制。厂商一旦在信誉上出问题，必定损失利益。这就使信誉成为一种真实的信号）。

信息不对称虽然会在短期内给一些钻营取巧之徒带来欺骗消费者的便利，但长期看，也会给一些正直、聪明的企业家创造脱颖而出的机会。设想一下，当利用信息不对称欺骗顾客的现象普遍存在的情况下，有一个人诚实无欺，将会是什么样的结果？更进一步，如果这个人采取一种顾客能看得见的方法来证明自己的诚实，又会怎么样呢？在北京百货大楼，某一生产羽绒制品的公司开设了一个透明车间，当场为顾客填充鸭绒被，消除了生产者和消费者之间的信息不对称。在国外，股份有限公司自动公布财务账目，并邀请中立的会计师事务所加以审计，也是增强股东信心、吸引投资者的明智之举。

企业的兴衰像水车的轮子一样旋转着，
昨天还高高在上，今天却屈居人下。

用脚投票

孙百才

在政治生活中，人们通过举手表决的民主投票形式来显示自己的政治偏好。而在资本、人才和技术市场上，我们却常见到“用脚投票”（voting by foot）的现象。

所谓“用脚投票”，是指在市场经济条件下，资本、人才、技术等可以自由流向更能够发挥其作用的地方。“用脚投票”机制的核心就是“偏好显示”。市场经济是充分尊重人们的选择权的经济，理性的消费者正是通过“用脚投票”的方式来实现其选择权。如在股票市场上，投资者可以通过资本市场“用脚投票”的方式，抛售经营业绩不好公司的股票，来表达其对公司的否定态度。在商品和服务市场上，消费者会选择购买最适合他的需求的商品或服务，如果市场所提供的产品不能满足消费者的需求偏好，则消费者就会脚上抹油——溜了。再如，面对目前狂轰滥炸的电视广告，更多的观众将会选择转换频道，以“用脚投票”的方式表达自己对广告时间过长的厌烦和不满。据说，在电视剧《还珠格格》热播期间，某省电视台过分插播广告，遭遇了观众的“用脚投票”，使广告的到达率和收视率下降，直接影响了广告的投放效果。“用脚投票”是一种强大的力量，是一种无声的选择。在这种“用脚投票”机制的压力下，或者说其实就是在市场压力下，商品或服务的提供者都将尽力提供消费者乐意购买的产品来吸引顾客。

随着我国市场经济的建立和发展，非政府导向的资本、人才等要素的自主流动和选择日趋频繁，表现为企业和个人在投资时将资本投向那些具有更好的收益的项目上，以获取更好的投资回报；人们也可以根据自身需求选择适合自己的工作或居住区间。趋利避害是“用脚投票”的根本原因，市场经济的建立和发展使“用脚投票”成为可能。当然，趋利的“用脚投票”也存在一定的盲目性、短视性。因此，政府也要着眼于经济和社会的长期发展，通过人民赋予政府的权力，采取财政、税收、行政、法律等多种宏观控制措施，减少“用脚投票”的消极因素。

别在只有九个指头的人面前数自己的指头。

——非洲谚语

大笔开支好通过

门　睿

“大笔开支好通过”出自20世纪英国政治学家诺斯科特·帕金森（C.Northcote Parkinson）的名著《帕金森定律》一书。帕金森发现这样一个有趣的现象，即在许多单位讨论一些议题时，花钱多少与讨论时间的长短恰恰成了反比。

比如，某财务委员会在讨论建设核反应堆方案时，总工程师提交了一大堆蓝图、设计资料、工程方案、所需特种材料……预案上看不懂的术语、符号、公式把委员们弄得一筹莫展，无论总工程师怎样解释，他们都是一脸茫然。当然，包括财务委员会主席在内，谁愿说自己不懂反应堆的建设技术呢？

“我认为这项计划是切实可行的，所需经费是恰当的，要抓紧时间建设。”主席很在行的样子与语气让其他委员们纷纷表示赞成。个别有疑问的委员因怕说出外行话也选择了沉默。于是，1000万英镑的造价与六个月的工期几分钟内便通过了。

下一个议题是建设自行车棚，需要350英镑，众委员都来了精神。

“屋顶用铝制板贵了点，可以用石棉瓦。”

“用马口铁更好，300英镑足够了！”

“到底盖不盖自行车棚？”

“盖在大门外还是车间旁？”

争论了45分钟，省下了50英镑，委员们觉得自己做出了成绩。

再下一个议题是某会议期间的茶水补助每月35先令全年共21英镑的问题。委员们为用茶还是咖啡展开了激烈的辩论，耗时1小时15分钟，结论是请秘书去进一步了解情况，下次开会再议。

看不懂的方案好通过，管它需要多少钱。每个决策者都不想被人说成笨蛋，于是最终成了穿上“新衣”的皇帝。在我国的建设中，不知此类事情有多少。据报载，某市在20世纪90年代引进建设了一家集成电路厂，耗资上百亿元人民币，然而该厂还未建成时，其所引进的生产线与技术就已经过时了。有谁问责那上百亿的投资是怎样批准的呢？

不仅大笔开支好通过，看不懂的方案好通过，饭点前的方案也好通过。争论了大半天，口干舌燥，饥肠辘辘的，谁不想进点食呢！孔子说“食色性也”，大圣人都认为吃饭是人的本能需要，况普通官员乎。于是方案所用的巨款不如一顿饭值钱了。

下班前的方案更好通过，回家，那多温馨呀！

皇帝当不成，但皇帝的新衣总有人穿。

不值得定律

陈　哲

不值得做的事情，就不值得做好，这就是不值得定律。不值得定律是以心理学上的需求层次理论和心理暗示为依据的，它反映出人们的一种心理：一个人如果从事的是一份自认为不值得做的事情，往往会持冷嘲热讽、敷衍了事的态度，不仅成功率小，而且即使成功，也不会觉得有多大的成就感。而如果从事的是自己真正喜欢、发自内心热爱的工作，那么其他的什么荣誉、报酬、辛苦都是次要的，即使客观上做得平平，内心也会感到无比的满足。

世界著名作曲家、钢琴家、指挥家伦纳德·伯恩斯坦年轻时酷爱音乐，师从美国最有名的作曲家和音乐理论家柯普兰学习作曲，还附带学习指挥技巧。当时，他的创作热情非常高，写出一系列出手不凡的作品，一时间，伯恩斯坦的作品犹如一阵清新之风吹拂了美洲大陆，一位新的作曲大师崭露头角。就在伯恩斯坦写出一部部新作品的同时，他又涉足指挥领域。在一个偶然的机会中被当时纽约爱乐乐团的指挥发现，几乎是一举成名。1958年他担任纽约爱乐乐团常任指挥，在以后的近三十年中，伯恩斯坦几乎成了纽约爱乐乐团的名片。但在内心深处，他还是以作曲为己任的，创作的欲望无时不在撞击和折磨着伯恩斯坦。因此每逢休假，他总要找一段时间把自己关在屋里作曲，竭力想找回以前的活力和灵感，想要激活和实现年轻时的梦想与抱负。然而流水无情花开无意，除了偶尔闪现的

灵光外，面对案前正在谱写的音符，他更多面临的却是深深的失望与苦恼，乐思枯竭的苦恼像幽灵一样驱之不散。是创作还是指挥？这个矛盾和冲突几乎贯穿了伯恩斯坦的一生，当他在舞台上无数次接受掌声和鲜花时，有谁能明白他背后的隐痛和遗憾？在他晚年的时候，每念及此，他都耿耿于怀。他在家人面前一次又一次地唠叨着自己的苦闷，而这样的苦闷，除了只能对家人流露外，又能对谁言说呢？最后只能带着深深的遗憾告别人世。伯恩斯坦无疑是出色的，但并非是成功的，他的大半辈子都活在苦恼和矛盾之中。

对个人来说，我们应在多种可供选择的奋斗目标及价值观中选一种，然后为之奋斗。“选择你所爱的，爱你所选择的”，才可能激发我们的奋斗精神，也才可以心安理得。而对一个企业或组织来说，则要很好地分析员工的性格特性，结合个人志趣和能力倾向，合理分配工作，如让成就欲较强的职工单独或牵头完成具有一定风险和难度的工作，并在其完成时给予及时的肯定和赞扬；让依附欲较强的职工更多地参加到某个团队中共同工作；让权力欲较强的职工担任一个与之能力相适应的主管。同时要加强员工对企业目标的认同感，让员工感觉到自己做的工作是值得的，这样才能激发员工的热情。

如何做一个事业成功而又生活幸福的人？不值得定律为我们提供了一点参考。

成功可以招引朋友，挫折可以考验朋友。

——贺拉斯

没有相同的树叶

蒋丽梅

德国有一位哲学家，名叫莱布尼茨。据说，他曾给当时的国王讲哲学。莱布尼茨说："世界上没有两片完全相同的树叶。"国王不相信，就吩咐宫女们到后花园去找"两片完全相同的树叶"。结果不用说，宫女们折腾大半天，一个个空手而回。是啊，别看一片小小的树叶，如果细细考究起来，它所具有的属性同样是无穷多的：长短、宽窄、厚薄、色彩的浓淡、边缘的锯齿形状、中间的脉络走向……其中的每一种属性，都可以再细分出许多种。要想找出两片树叶，其各自无穷多的属性完全吻合，显然是办不到的，它们无不具有各自的性质。

就像这个世界上没有完全相同的两片树叶一样，也没有完全相同的两个市场。市场属性、宏观政策以及消费者认知的差异，往往使得在操作不同背景的市场时，不能一味照猫画虎，有时候你必须变革你的模式，这包括销售方法、分配制度以及宣传策略等。

安利(Amway)作为一个行销日用消费品跨国公司，其市场已经扩展到80多个国家和地区。安利公司在海外是一家具有40多年历史的直销公司，因此当安利(中国)于1995年开业时，也以一贯的直销方式经营。然而，随着国际性直销公司进入中国发展，一些打着直销旗号的金字塔诈骗公司亦纷纷涌现，它们在产品上以次充好，引起了全社会的强烈谴责，甚至一度使人们视直销为毒瘤。在国家相关法律文件出台以后，经中央政府

有关部门联合批准，安利(中国)于1998年7月采用“店铺销售加雇佣推销员”的方式转型经营。从直销到现在的多种经营模式的转变，体现了安利针对中国特定市场量身定做的灵活性。

世界上的树叶太多，为了更好地占有市场，首先就必须细分市场，比如说，中国移动推出的个性化服务品牌“动感地带”，从简单的“一起玩吧”到个性化的“我的地盘，听我的”“年轻人的通讯自治区”，包月的短信套餐替代了月租；品牌内及网内的资费优惠的细分资费方案取代了过去“一刀切”的单一资费体系。“彩信”“百宝箱”、包月套餐、游戏、移动QQ、竞猜、订制笑话、天气预报等创新服务层出不穷，具有“时尚、好玩和探索”的特性。这些特性明显是针对年轻群体。而年轻人则可以通过动感地带找到够酷够炫的图片和铃声，可以找到够新够奇的海量资讯，可以自主地选择更加自由的资费组合。

“世界上没有相同的两片树叶”，因为行业背景、发展阶段、发展战略、公司文化的不一样，别人的美餐可能就是自己的毒药。《GE不是榜样》中有这样一句话：“韦尔奇并非是看了某个CEO的传记之后才成为GE首席执行官的，如果企图从他那里找到什么法宝的话，还不如到自己的公司里去找……”成功没有定式，不要相信踏着巨人的脚步就一定会成长为巨人。

别人的美餐可能就是你的毒药，
踏着巨人的脚步不一定会成长为巨人。

路径依赖

陈　哲

你能想象火箭助推器与马屁股之间存在着某种关系吗？我们知道火箭助推器在造好以后会通过铁路运输，中间会经过一些隧道，所以助推器的直径是由铁轨决定的。最早的火车车辆是仿照马车制造的，而马车的轮距又来自古罗马，整个欧洲的长途路线都是那时候为罗马军队方便征战而修筑的，其他任何宽度的轮子在这个车辙上行走寿命都不会长。罗马人为何要用四英尺八点五英寸作为战车的轮距呢？原因很简单，这刚好是牵引一辆战车的两匹马屁股的宽度。这样，罗马帝国的车辙宽度就成了今天全世界铁路的标准轨距。因此我们可以说：美国的火箭助推器的直径竟然是由两千年前的马屁股的宽度所决定的。

这个亦真亦假的传说说明了一个著名的路径依赖定理：一旦人们做出了某种选择，就会在惯性下不断强化它，不会轻易改变。路径依赖原理最早是由布赖恩·阿瑟对技术演变过程的自我强化机制进行研究后提出的，但经济学诺贝尔奖得主道格拉斯·诺斯在阐释经济制度的演进时使得这一原理声名远扬。现在，路径依赖理论被广泛用于对选择和习惯的解释。

路径依赖有两种表现方式：自我强化和锁定。秦池酒业从一个县级小厂能迈向全国靠的就是广告，它从广告中尝到了甜头，这种收益刺激了它在第二年第三年的时候继续这一战略，不计成本地去夺取中央电视台广告标王，在一夜暴富以后还想一夜成为贵族；这就是自我强化。至于锁定，

从恋爱中的男女身上最容易被观察到。女孩爱上了男孩，但男孩有些屡教不改的恶习，朋友们都说放弃吧，多少次经验证明了要改是不可能的，但女孩一直执着地相信再下一次他一定会改的，就这样她拖了好多年……这不仅是“一叶障目”的问题，还含有路径锁定的因素。

为什么会产生路径依赖呢？因为背后都有对利益和所能付出的成本的考虑。对组织而言，一种制度形成后，会形成某个既得利益集团，他们对现在的制度有强烈的要求，只有巩固和强化现有制度才能保障他们继续获得利益，哪怕新制度对全局更有效率。对个人而言，一旦人们做出选择，便会不断地投入精力、金钱及各种物资，如果哪天发现自己选择的道路不合适也不会轻易改变，因为这样会使得自己在前期的巨大投入变得一文不值，这在经济学上叫“沉没成本”。沉没成本是路径依赖的主要原因。

比如现在的135相机规格其实还是爱迪生时代制定的。他嫌70毫米胶片电影机不好用，于是便把胶片取下，剪掉一半，再打上两排齿孔成了35毫米电影胶片，才有了专用电影胶片的小型相机，画幅24×36毫米。以后多次有人试图改进，从“半幅”（24×18毫米）到APS（24×32毫米），都半途而废，因为全世界135相机保有量实在太大了，人们不可能为了节省4毫米胶片而报废自己上万元的相机。直到不用胶卷的数码相机问世，APS规格成为CCD的标准画幅，135相机才开始被淘汰。

路径依赖原理给了我们一个重要的启示：甩掉过去的包袱（不管是成功的还是失败的），重要的是未来，不要为打翻的牛奶而哭泣。

人的成功，只有百分之五靠专业技能，
百分之九十五却要靠人际关系。
——戴尔·卡耐基

群体思维
（合成谬误）

李　军

相对于完全由个人做出的决定，人们更愿意信任群体智慧作出的决定，总认为个人的决定考虑不周全，具有片面性。而集体的决定博采众家之长，考虑到方方面面因素，更具有权威性。但有意思的是，历史上很多重大的错误行动恰恰是群体作出的决定。比较著名的是20世纪60年代发生的“猪湾事件”。当时美国总统肯尼迪的顾问班子经过讨论，一致通过了空降古巴、占领猪湾、借此推翻卡斯特罗政权这一决定，可结果美国却遭到了彻底失败。事后，顾问班子成员又互相指责，说这一决策太愚蠢了。

20世纪90年代，美国社会心理学家詹尼斯对大量错误的群体决定进行分析后得出了一个结论：一个群体的内聚力

越强，就越容易导致群体思维的错误。因为在群体决定时，本来有不同意见者也碍于群体的压力而不再坚持己见，也会觉得集体的决策似乎是对的，按照少数服从多数的原则，听从大家的意见。同时群体中的成员认为决定是大家作出的，责任由大家分担，个体较少负有直接责任，所以就很容易产生从众心理。

怎样防止群体思维带来的不良影响呢?詹尼斯认为，首先，群体领导人应该努力做到公正，并培养一种公开咨询和讨论的气氛，使大家能够畅所欲言，充分发表自己的意见；其次，群体成员应该像支持群体计划一样，鼓励人们提出问题或批评意见，尤其对不同意见要给以足够的关注，把各种可能出现的情况估计到；再次，应请“局外的专家们”对群体成员提出挑战，对最后的决定方案进行评价或提出看法，以期给群体带来新的思路；最后，在达到一个共同的意见之后，群体领导人应该安排一个“第二次机会”的会议，使得群体成员能够将萦绕在心头的困惑和保留意见表达出来。只有经过广泛征求意见，经过多次反复讨论，最后形成的方案才是真正的集体决策。

如果让胜利冲昏了头脑，
成功就会成为失败之母。

过度理由效应

Over-justification effect

蒋丽梅

每个人都力图使自己和别人的行为看起来合理，因而总是为行为寻找原因。一旦找到足够的原因，人们就很少再继续找下去，而且，在寻找原因时，总是先找那些显而易见的外在原因。因此，如果外部原因足以对行为做出解释时，人们一般就不再去寻找内部的原因了。这就是社会心理学上所说的“过度理由效应”。

在日常生活中我们常有这样的体验：亲朋好友帮助我们，我们不会觉得奇怪，因为“他是我的亲戚”“他是我的朋友”，理所当然他们会帮助我们；但是如果一个陌生人向我们伸出援手，我们却会认为“这个人乐于助人”。因为我们无法用“亲戚”“朋友”这样的外部理由来解释别人的行为，只能追究到他人格内部的这个原因。

有这样一个有趣的故事：一位老人在一个小乡村里休养，但附近却住着一些十分顽皮的孩子，他们天天互相追逐打闹，喧哗的吵闹声使老人无法好好休息。在屡禁不止的情况下，老人想出了一个办法，他把孩子们都叫到一起，告诉他们谁叫的声音越大，谁得到的报酬就越多，他每次都根据孩子们吵闹的情况给予不同的奖励。到孩子们已经习惯于获取奖励的时候，老人开始逐渐减少所给的奖励，最后无论孩子们怎么吵，老人一分钱也不给。结果，孩子们认为受到的待遇越来越不公正，认为“不给钱了谁还给你叫”，再也不到老人所住的房子附近大声吵闹。

老人这就是巧妙地利用了过度理由效应。对于这些孩子，他们如果只用外在理由（得到报酬）来解释自己的行为（吵闹），那么，一旦外在理由不再存在（没有报酬了），这种行为也将趋于终止。因此，如果我们不希望某种行为得以保持，就不要给它足够的外部理由。

人们都有给事情找理由的习惯，所以很多商家利用“过度理由效应”，提供给消费者一个可信的非买不可的理由，大大促进了销售业绩。在维萨卡和万事达卡为用户提供“花旗购物卡”的服务活动中，他们告诉消费者“使用花旗购物卡可以让您享受到20万种名牌商品的最低价”。结果，出人意料的是消费者对此的回应寥寥。经过自省后，他们发现了自己的错误就是他们为消费者解释了利益，但是却没有为消费者提供令人信服的理由。于是他们在后续的宣传中这样说道：使用花旗购物卡购物可以让您享受20万种名牌商品的最低价，因为我们的计算机一刻不停地监控着全国各地5万家零售商的价格，以保证您能够享受到市场上的最低价位。广告一经刊出，注册人数大增，几乎爆棚。

某品牌宣称，他们的牛初乳进口于新西兰的奶牛基地，健康乳牛分娩后72小时内分泌的乳汁，一头健康的奶牛一年仅仅能提取2公斤。那么，要满足中国上亿家庭的需求，那新西兰要有多少头乳牛的初乳才够用！这样的宣传就明显地让消费者感到依据不足，进而怀疑产品原料的真实性。

著名的广告大师奥格威也说过，永远不要以为消费者是傻子，他比我们要聪明得多，而且商品摆在商店里买不买是他们的事，如果你说得有道理，他们就会相信你，如果你说得牵强附会于理不通，他们就会毫不犹豫地把你抛开。

有权威的人即使撒谎，也有许多人相信。

——契诃夫

卡诺莎觐见

蒋丽梅

1075年，教皇格里高利七世（Gregory VII）趁德意志神圣罗马帝国国内局势未稳之际，命令亨利四世放弃任命境内各教会主教的权力，宣布教皇的地位高于一切世俗政权，甚至可以罢免皇帝。对此，亨利四世以召集德意志主教会议，宣布废黜教皇相对抗。于是格里高利七世发布敕令，废黜亨利四世，革除其教籍，解除臣民对他的效忠誓约。在种种内忧外患的严峻形势下，亨利四世再也无法顾及自己高贵的皇帝身份，演出了一场德国版的“负荆请罪”。

1077年1月，年仅26岁的亨利四世带着他的妻子和孩子站在满地白雪的卡诺莎城堡的院子里。根据惯例，年轻的德皇赤足披毡站在寒冷的雪地里苦苦恳请教皇接见，并原谅他这个认了罪的人。而格里高利七世这位出身低微的手工匠人的儿子，硬是让高贵的德皇在室外整整等了三天，直到使其受尽了精神上的侮辱后才出来恩赐给这位忏悔者一个赦罪的吻。这就是“卡诺莎觐见”。

从表面上看，教皇格里高利七世是这场斗争的胜利者，而真正的胜利者却是亨利四世。这次觐见不仅使反对他的诸侯们失去了另立皇帝的借口，也获得了人民的广泛同情。最终，亨利四世驱逐了教皇，教皇在孤独中客死意大利，而亨利四世以一种大丈夫能屈能伸的实用主义气度笑到了最后。

“人非圣贤，孰能无过”？在危机事件发生后，一个组织如果有诚意，那么，对或错就变得不再重要，重要的是公众感受到你的诚意，利益相关者恢复对你的信任。克林顿在“拉链门事件”之初，采取“提上裤子就不认账”的态度，美国公众和独立检察官斯塔尔非揪住他不放；克林顿一看形势不对，立刻改为“博同情”战术，在电视上一把鼻涕一把泪地向美国人民道歉，公众情绪迅速转为同情。舆论总是保护弱者，而且事实上，人们感兴趣的往往并不是事情本身，而是当事人对事情的态度。从心理学的角度讲，人们的感觉胜于事实。

日本雪印乳业公司是业界声誉卓著、信用可靠的一家公司。2000年6月27日，它生产的低脂牛奶售出后发生饮用者食物中毒现象。时隔两天之后，雪印才公开承认有此事实，事情过了快一个月，雪印才在报纸上以整版广告的形式向公众致歉，并且由于对发生问题的原因说明得颠三倒四，公众认为其缺乏诚意。日本雪印由于危机处理不够迅速，产品回收与信息公开太慢，应对措施不力，停工两周造成的直接损失就有110亿日元，而间接损失是雪印品牌的受损程度严重，据专家说，要恢复原有信誉需十年之久。

雀巢公司也是一个很有竞争力的企业，除了咖啡之外，它的乳制品在世界上也有很高的市场占有率。1977年，一场著名的“抵制雀巢产品”运动在美国突然爆发，美国奶制品行动联合会的会员到处劝说美国公民不要购买“雀巢”产品。起因是人们相信雀巢公司为了公司的利润，有意忽视人造乳品在营养方面的缺陷并误导消费者。雀巢公司没有正确对待社会活动家的批评建议，甚至对一些教会领袖提出的严肃的道德问题也采取冷漠的态度。这场抵制运动让雀巢婴儿奶粉危机延续了十多年。在被抵制的十几年时间里，雀巢美国公司一直在承受着巨额的经济损失。

“态度决定一切”，面对危机，事实虽然重要，但正确的态度能帮助你获得社会公众和舆论的广泛理解甚至同情。应对得法、临危不乱，也许能够变坏事为好事。

如果自家的窗户是玻璃的，
就不要向邻居家的窗户扔石头。
——富兰克林

七年之痒

蒋丽梅

“七年之痒”（The Seven Years Itch）是个舶来词，来自玛丽莲·梦露主演的美国影片《七年之痒》，说的是纽约某杂志社编辑结婚七年后感情终于出轨的故事。它的意思是说许多事情发展到一定时候就会不以人的意志为转移而出问题。一般“七年之痒”多用于形容婚姻。青年男女从充满浪漫的恋爱进入了实实在在的婚姻，但随着新鲜感的丧失，在平淡的朝夕相处中，彼此太过熟悉，恋爱时掩饰的缺点或双方在理念上的不同此时都已经充分地暴露了出来。于是，情感的“疲惫”或厌倦使婚姻进入了“瓶颈”，如果无法选择有效的方法通过这一“瓶颈”，就很可能出轨，婚姻就会破裂。

受台湾速配节目《非常男女》的影响，内地一度也风风火火地开始了模仿，不少电视台也纷纷办起了同类节目。有那么一两年，在周末黄金时段打开电视，随便调到一个频道，基本上都是同类节目的影子。但是随着类似节目的日益增多，没有了最初惊叹“炫”“酷”的审美新鲜感，一些观众甚至忘记了电视的娱乐真相，开始推敲起了此类节目的真实性，疑问的声音越来越大。人们开始质疑起参加节目的嘉宾的职业、身份或者是婚姻状况的真假度以及参加节目的真实目的。当电视上的爱情谈到了第七年，制作人累了，观众厌了，观众的收视疲劳和栏目组的制作疲劳最终为此类节目下了悲观的判决书——电视速配最终难逃“七年之痒”。

在职场上，越来越多的人也开始遭遇起“七年之痒”，大多数白领的职业生涯呈现出如下轨迹：前2~4年在基层职位，第5~6年任经理，第7~9年任高级经理/总监，第10~12年任副总经理，第13~20年任总经理。据可锐职业顾问调查显示：迈入职场第7年是由中层迈向高层的关节点，这时是职业人最有可能出现事业“瓶颈”的时刻之一。在这一阶段的白领，已经建立起自己的队伍，有上佳的业绩表现，能够维护企业的长期客户。具有一定的管理技能和上佳的沟通能力，特别是掌握着行业动态，对新知识有一定了解。他们的个人事业有了一定程度的基础，但却产生对自己的职业生涯发展感到无所适从的情绪。

1997年年初，31岁的大卫打算加盟Amazon.com，当时Amazon刚刚成立。他的上司满脸惊讶：“你要离开微软，去卖杂货?”比尔·盖茨也警告他："你这样的年轻主管，离开微软将是一生中最愚蠢的决定。"但大卫认为Amazon有更多的挑战和机会，这个理由让具有强烈荣誉感的微软人觉得不可理喻。但事实证明，大卫确实在Amazon找到了他梦寐以求的东西。2002年，他是美国区零售经营的总管，身价已达1亿美元。对大卫来说，微软再也没有刺激人心的地方，遭遇"七年之痒"，离开微软就像破茧而出。

"七年之痒"虽然难熬，却也是成就职业生涯成功的一个关键。正确的能力定位，理性的目标规划和勇于面对挑战的年轻的心灵，总能将"七年之痒"转变成"七年之扬"。

与人沟通，最重要的是听出那没有说出的话。

——德鲁克

差一点情结

蒋丽梅

证券公司门口，两个散户在切磋股经。一个对另一个说："去年股市暴跌之前，我差一点顺利逃顶。"原来这一位也被套牢了，只是换一种说法而已。聊起国人的种种"差一点"来，大家并不陌生，平时不断听到如此这般的言谈：某作家差一点获得诺贝尔文学奖，某数学家差一点攻克"哥德巴赫猜想"，某国足队员在世界杯赛上差一点踢进两球（两次皆打中门柱），某科研项目差一点在国际上领先……

差一点得到，就是未能得到；差一点成功，就是没有成功。这的确有点令人惋惜，令人遗憾，然而事实偏又是那么不讲情面。"差一点"的缘由，有的可归结为运气不佳，但更多的是尚欠火候或技不如人。别管是客观因素还是主观因素所致，距离各自的目标都还"差"了那么"一点儿"，这总是实情。

麦当劳的面包不圆和切口不平都不用；奶浆接货温度要在4℃以下，高1℃就退货；一片小小的牛肉饼要经过40多项质量控制检查；生菜从冷藏库拿到配料台上只有两小时的保鲜期，过时就扔掉。生产过程采用电脑操作和标准操作，制作好的成品和时间牌一起放到成品保温槽中。炸薯条放置超过7分钟，汉堡包超过19分钟就要毫不吝惜地扔掉。麦当劳的作业手册有560页，其中对如何烤牛肉饼一项就写了20多页。要知道，1%的错误会导致100%的失败。

某国有企业与一家美国大公司洽谈合作问题，这家企业花了大量工夫做前期准备工作。在一切准备就绪之后，公司邀请美国公司派代表来企业考察。前来考察的美国公司老板在这家企业领导的陪同下，参观了企业的生产车间、技术中心等一些场所，对中方的设备、技术水平以及工人操作水平等都表示了相当程度的认可。中方非常高兴，设宴招待美方老板。宴会选在一家十分豪华的大酒楼，有20多位企业中层领导及市政府的官员前来作陪。美方老板以为中方还有其他客人及活动，当知道只为招待他一人之后，感到不可理解，当即表示与中方的合作要进一步考虑。美国老板在回国之后，发来一份传真，拒绝了与这家中国企业的合作。中方认为企业的各项条件都能满足美方的要求，对老板的招待也热情周到，却莫名其妙地遭到美方拒绝，对此相当不理解，便发函询问。美方回复说：“你们吃一顿饭都如此浪费，要把大笔的资金投入进去，我们如何能放心呢？”这个国有企业因为一顿奢侈的晚宴而毁掉了一个“差一点”到手的合作。

“差之毫厘，谬以千里”，魔鬼就在细节之中，天堂也在细节之中，真正的伟大在于细节的积累。我们不缺勤劳不缺智慧，最缺的是做细节的精神，把每一件简单的事做好就是不简单，把每一件平凡的事做好就是非凡。

“我今天差一点打到一只麻雀，但现在我总不见得把这‘差一点’烧来吃。”马克·吐温近似自我解嘲的调侃，早就道出了“差一点”情结于事无补。

起床吧懒鬼，将来坟墓里有足够的时间让你睡觉。

——富兰克林

酒与污水定律

陈　哲

把一匙酒倒进一桶污水，得到的是一桶污水；把一匙污水倒进一桶酒里，得到的还是一桶污水。在这里，污水和酒的比例并不能决定这桶东西的性质，真正起决定作用的就是那一勺污水，只要有它，再多的酒都成了污水。这一原理来自生活经验，和中国谚语“一粒老鼠屎坏一锅汤”是相同的道理。

几乎在任何组织里都有几个难弄的人物，他们存在的目的似乎就是为了把事情搞糟。最要命的是，他们就像箱子里的烂苹果，如果不及时处理，它会迅速传染，把里面其他苹果也弄烂。“烂苹果”的可怕之处在于它那惊人的破坏力。一个正直能干的人进入一个混乱的部门可能会被吞没，而一个无德无才者能很快把一个高效的部门搞成一盘散沙。组织系统往往是脆弱的，是建立在相互理解、妥协和容忍的基础上的，很容易被侵害、被毒化。

破坏者力量非凡的另一个重要原因在于，破坏总比建设容易。一个能工巧匠花费时日精心烧制的瓷器，一头驴子一秒钟就能踢坏。如果一个组织里有这么一头驴子，即使有再多能工巧匠，也不会有多少像样的工作成果。如果你的组织里有这样的一头驴子，你应该马上把它清除掉；如果你无力这样做，就应该把它拴起来或是给它戴上笼头。

组织里破坏力最大的并不是公然唱反调的“刺头”，而是两面三刀的

小人。小人的能量极大，并不亚于领导者。一个很好的组织，有一两个小人随便一搅，或到上级部门告状，或在下面煽风点火，轻者能使功变为过，使好人灰溜溜变得心灰意冷，使一个好企业变成差企业，重者能把一个好端端的人或企业彻底毁掉。好人怕惹事，而软弱又助长邪恶，这些都在有形无形有意无意地纵容着破坏者。不仅一般员工怕惹事，管理者也怕惹事。出了事，有些管理者不先怀疑告状的，不先责怪闹事的，却先责怪受害者：你惹他干什么？无风不起浪，一个巴掌拍不响。中国有句古话说“宁得罪君子，不得罪小人”，先告状就先沾光，所以常常是恶人先告状。久而久之，小人得势，歪风当道，好人躲，能人走，组织就这样衰败了。而小人捣乱的真正高明之处就是在于这样一个渐变的过程中，谁都有义务、谁也都没有不可推卸的责任对此负责。

任何组织和个人对于有巨大破坏力的东西都应该毫不犹豫地摒弃，哪怕它再微小、看上去再美丽。

不论是往一桶酒里倒一勺污水还是一盆污水，结果都一样。

华盛顿合作定律

陈　哲

如果你认真观察过螃蟹就会发现，篓子里面放上一群螃蟹，就不必盖上盖子，螃蟹是爬不出来的。因为只要有一只想往上爬，其他螃蟹便会把它拉下来，最后没有一只能爬出去的。这个小例子说明的是“华盛顿合作定律”，即：一个人敷衍了事，两个人互相推诿，三个人则永无成事之日。中国版的说法就叫“三个和尚没水吃”。

为什么在合作中会出现这种情况呢？因为人与人的合作并不是简单的数量相加，而会受到很多因素的干扰，关系非常复杂和微妙。比如，两个人之间只存在一种关系，三个人就会存在三种关系，四个人就会存在六种关系，关系种类是以几何级数增长的。10个人的合力可能大于10也可能小于1，因为人的合作不是静止的，它像方向各异的能量，互相推动时事半功倍，相互抵触时则一事无成。

1964年3月，在纽约市克尤公园发生了一起震惊全美的谋杀案。凌晨3点，一位年轻的酒吧女经理受到凶手追杀，在长达半个小时的作案过程中，受害者不停地呼救奔跑，有38户居民听到或看到了，但仅仅是听到了和看到了，没有一个人出来阻止，甚至连一个举手之劳的报警电话也没人打。这件事并非简单地可归纳为人性的异化和冷漠，而是有深刻的心理学背景。当出现紧急情况时，正是因为有其他目击者在场，才使得每一位旁观者都无动于衷，而更多的是在看其他观察者的反应！这是一种制度性

的缺陷，也就是说这样的事情会在不同地点不同时间重复发生，多么可怕的华盛顿合作定律！

任何一个团体都免不了存在钩心斗角的现象，即“办公室政治”。甲今天说了几句不该说的话让乙很没面子，下次乙找个机会打甲的小报告，却被甲的朋友丙听见了，丙在工作中就故意使绊子，这样又无意中损害了丁的利益——这个打结的线团会越缠越大。“办公室政治”是引起内耗的主要原因，也是华盛顿合作定律的最直接表现。

如何克服这一定律带来的不利影响呢？有两个方法会有所帮助。一是设定目标明确分工，详细的职务设计能够使大家轻易看出谁在敷衍，谁在推诿。二是卸掉包袱轻装上阵，如果每个人都在不断地积累怨恨、愤怒，就会形成今后交往的障碍，消磨斗志、影响效率，而如果你宽容大度一些，你的态度就会影响到别人，从而形成良好的办公室气氛。

华盛顿合作定律揭示了合作中的冲突、无效，但我们同样可以看到，当众人齐心协力完成某件事情的时候，每一个参与者都会感到自豪，找到了合作的乐趣甚至长期的合作伙伴。

一个能工巧匠花费时日精心做出的瓷器，
一头驴子一秒钟就能把它毁掉。

赫克金法则

蒋丽梅

美国的一项调查表明，优秀推销员的业绩是普通推销员业绩的300倍。资料显示，优秀推销员与长相无关，也与年龄大小无涉，和性格是否内向外向无关。那么，究竟什么样的人才能成为优秀推销员呢？ 美国营销专家L.赫克金有句名言："要当一名好的推销员，首先要做一个好人。"这就是赫克金营销中的诚信法则。

有一则关于"测谎器"的笑话，说的是一个推销员在街头叫卖："谁买最新式产品——测谎器，不论男女老少，不分好人坏人，活人死人，只要讲了谎话，灯泡马上就亮，百试百灵，货真价实，有备无患，以防受骗……"他又说："哎，先生，您看了半天不吭声，您在想什么?""哦，我在想，灯泡怎么没亮?亮了我准买。"一位先生回答说。

1982年，发生了病人因服用含有氰化物的美国强生药业"泰莱诺尔"药片中毒死亡的事件。强生公司成功处理了"泰莱诺尔"投毒事件，并获得当年度美国公关协会颁发的"银砧奖"。事后，强生公司不仅在价值高达12亿美元的止痛片市场上收回了失地，还利用新开发的一次性密封药瓶赶走了竞争对手。利人才能引人，舍财方可得财。

诚信是市场经济的灵魂，是市场经济有效运行的基础，而且是法律法规的基础。现实经济生活中许多活生生的案例也都昭示了唯诚信者存，弃诚信者亡的道理。而作为一个好人，诚信是他必备的优秀品质，它能帮助

赢得消费者广泛的认可和尊重，获得好的美誉度和知名度，同时有着持续稳定增长的客户群体。

阿里巴巴恪守着“诚信的商人才能富起来”的信念，推出一个独特的产品——诚信通，为中国企业建立起自己的电子商务诚信的活档案，使企业间可以用最短的时间、最低的成本了解合作伙伴，满足自身的需求，从而创造价值，阿里巴巴并不积极推销自己的公司，而是首先想到把客户的产品推销出去。它始终坚信，只有客户成功了，阿里巴巴才能获得真正的成功。正因为如此，阿里巴巴在众多B2B电子商务公司日渐黯淡的时候，却出奇地逆势而上，快速而稳定地成长起来。

南京冠生园是一家老字号，在食品界，这是块响当当的牌子。长期以来，许多顾客也认准了这块牌子。但是2002年央视披露了南京冠生园食品公司用去年的陈馅生产月饼的黑幕后，公司始终没有向消费者做任何形式的道歉。这样的做法不仅令消费者寒心，更损害了自身信誉。在营销中不讲诚信的结果是害人又害己，还连累了上海冠生园和成都冠生园，南京冠生园食品公司则因无法经营下去而申请破产。

“勿以恶小而为之，勿以善小而不为”，作为一个好人，善意和真诚装点你的皮肤，勤奋和踏实铸就你的血肉，关爱和正直锻造你的筋骨，让你在众人之中脱颖而出。这种自然的亲和与谦逊是成功的前提和必备，有一句古语，“好人都有好报”，还有一句叫作“天佑好人”。

得人千金，不如得季布一诺。

爆冷门效应

蒋丽梅

在赌博中，如果在很少有人下注的一门下注，结果大赢，就谓之“爆冷门”。爆冷门因为其出乎意料和新颖独到，大大超出人们的料想，容易吸引大众眼球，在短期内引发大量的关注和巨大的影响，这就是“爆冷门效应”。

当今社会日新月异，人们的需求也在不断地改变和萌生，而这种需求的萌生，正给每一个创业家提供爆冷门的机会。综观世界巨贾，很多就是靠爆冷门起家的。

犹太青年施特劳斯，1840年移居美国西部时只是个穷光蛋。那时当地正出现一股“淘金热”，他就跟随这些挖金人来到了矿山，做些小生意。后来他根据矿工们的需求，用厚帆布、厚棉布试制了一种价廉而又耐穿的裤子，销路很好。于是他又进一步投其所好，在裤袋、缝线颜色等方面做了许多改进，逐渐形成了一种独具一格的裤子——如今风靡世界的牛仔裤。

有人可能说：现在市场上商品已经琳琅满目，要寻找爆冷门的机会谈何容易！其实对精明的创业家来说，冷门比比皆是，只要你做个有心人，你就会发现冷门应有尽有，爆不胜爆。

上海某玩具厂为老人制作起了玩具，这一招可能大多数厂家连想都不敢想。我国已向老年社会迈进，上海的老人也已达几百万之多，随着生活

水平的提高，他们已不仅仅满足于富裕的物质生活。这个玩具厂家正是抓住了这一点，为老人们开发出了“小淘气”“老来娇”等老人玩具来充实他们的精神生活，给他们带去返老还童的情趣的同时，也给企业带来了丰厚的收入。

但是冷门一旦爆出，便会很快成为热门，就产生不了冷门的效应了。

中国第一个非春节长假在五一节出现的时候，有4000多万人出门旅游，旅游收入超过180亿元人民币。这种集中消费现象史无前例，以至引发一场震撼，爆出一大冷门，有人将其视为启动经济的金钥匙，而经济学家也开始独辟蹊径地研究起“假日经济”来。对于商人来说，更是早早备战，虎视即将到来的第二个“黄金周”。但随后的这个被誉为第二个“黄金周”的国庆长假，并没有给旅游业带来“盆满钵满”的效应，与上个“黄金周”的红火大相径庭。一些著名景点，日接待游客不足平时最大日接待量的三成，真可谓“惨不忍睹”。被经济学家看旺的“十一”假日经济在“雷声大，雨点小”的落寞中悄悄结束了。

长中线旅游猝然受挫的同时，消费额不大的“家门游”却大爆冷门，令国内一些行业机构、零售商、节前吹风的媒体乃至经济专家都大跌眼镜。第一次长假旅游爆冷的结果是秩序的混乱以及出游的种种不便，无形中给百姓造成“出长门吃住游啥都难”的错觉，人们纷纷选择短途线路，来度过漫漫长假，无意中却给“家门游”制造了爆冷的机会。

由上海纺织工业系统服装巾被等行业联手举办的“换季特卖”集市迭爆冷门，原本并不为厂家商家看好的换季产品却成了热门货，日销额高达10万元！上海纺织系统下属大型国企以及50多家国际国内名牌产品生产和代加工企业，利用位于水城路上服集团五洲大厦的空余场地，搭棚设摊，因陋就简地开出了一个大型“换季特卖”集市，汇集服装巾被多达八大类上千个品种，总货源价值高达800余万元。

看来，冷门未必都“冷”，热门也未必都“热”，意想不到地爆个冷门，就能让你“热”起来，但也一定要注意别让它迅速降温。

有利的情况，主动的恢复，往往产生于再坚持一下的努力之中。

——毛泽东

搭便车理论

蒋丽梅

搭便车理论首先是由美国经济学家曼柯·奥尔逊于1965年发表的《集体行动的逻辑：公共利益和团体理论》(The Logic of Collective Action Public Goods and the Theory of Groups)一书中提出的。其基本含义是不付成本而坐享他人之利。

我们会发现，厂家经常采用搭便车策略，一些弱势产品跟进强势产品，借力“铺货”，最大限度地减少新产品进入市场的阻力，使新产品快速抵达渠道的终端，从而尽快与消费者见面。对没有强大实力的弱势产品而言，搭强势品牌的“广告便车”是一条切实可行的策略。我们来看看神奇牦牛搭便车的例子。彼阳牦牛在电视、报纸媒体上进行密集性广告轰炸，而这恰恰给神奇牦牛窥见了行销机会。神奇牦牛悄悄渗透终端，采用终端跟进策略，争取哪里有彼阳牦牛铺货，哪里就有神奇牦牛守阵，也取得了很好的销售业绩。神奇牦牛的包装色调与彼阳牦牛几乎雷同，包装盒面积比彼阳牦牛的要大，但价格稍低，其终端展示形象比彼阳牦牛更显牛气。

为了迅速普及和推广一个品牌，很多企业都选用与品牌相适应的明星来代言，这种“名人效应”从某一方面来讲，也是一种“搭便车”。比如说，TCL为了打造“国产手机第一品牌”的国际化形象，斥巨资1000万元聘请“韩国第一美女”金喜善，并力邀国际级导演张艺谋担纲广告片的拍

摄。金喜善美丽、高贵、大方，符合产品本身的特质，同时她的国际化背景和对中国年轻时尚群体的巨大感召力也是TCL品牌可以搭便车的重要因素。在金喜善出演的TCL手机品牌形象的广告中没有一句台词，金喜善只是利用自己的肢体语言和表情表达出她对TCL手机的喜爱和信赖。这部广告片在中央电视台的黄金时段进行了投放，取得了很好的传播效果，TCL手机“中国手机新形象”的传播语传遍全国。应该说，邀请金喜善的策略对于迅速打响TCL手机品牌知名度是正确而有效的。

在图书市场上同样存在搭便车的例子：比如，前几年有一本《谁动了我的奶酪》畅销，市面上立即出现了《我该动谁的奶酪》《谁也不能动我的奶酪》等一系列跟风书；又如《绝对隐私》一书，跟风的“隐私”一片，脱得光光追着让你看，哪有“隐私”可言。书倒都畅销了，手法却耐人寻味。

善于投机的企业总是可以充分利用外部性坐收渔翁之利。同时也正是由于便车的便利性的存在，行业的先导者在大张旗鼓地进入某个领域的时候，也应该尽量减少投机者利用自己的宣传声势所形成的搭便车的机会。“搭便车”与“反搭便车”的斗争就像一场猫与老鼠的战争，其中的妙义就在于在法律允许的范围内谁的手法更为天衣无缝，巧夺天工。

孔子曰：“君子有九思：视思明，听思聪，色思温，貌思恭，言思忠，事思敬，疑思问，忿思难，见得思义。”

——《论语》

康德的“魔桥”

蒋丽梅

康德（Immanuel Kant,1724—1804）出生于柯尼斯堡，是近代西方哲学史上划时代的哲学家。康德深居简出，终身未娶，一辈子过着单调刻板的学者生活，直到1804年去世为止，从未踏出过出生地半步，因此诗人海涅说，康德是没有什么生平可说的。

有人把他比作蓄水池，前人的思想汇集于此，后人的思想则从中流出来；也有人将他的哲学比作一座桥，想入哲学之门就得通过康德之桥。俄罗斯文艺理论家戈洛索夫克尔在其《陀思妥耶夫斯基与康德》一书中指出：“在哲学这条道路上，一个思想家不管他是来自何方和走向何处，他都必须通过一座桥，这座桥的名字就叫康德。”美国的康德研究专家贝克曾引述哲学家中流传的一句格言：“在哲学问题上，你可以赞同康德，也可以反对康德，但不能没有康德。”

跨越康德之桥,说白了就是要超越自己,超越他人!

康德哲学确实是一座桥，但任何人(特别是学者们)都绝没有死在这座桥上的必要!这是因为，第一个想要跨过这座桥的人，恰恰就是康德自己。企业要想腾飞，首要和必需的就是一种超越的气魄，超越自己和他人的大无畏精神。

在碳酸饮料市场上，没有哪两家公司像可口可乐和百事可乐那样，在几十年的较量中演绎出许多缤纷多彩的故事。“可口可乐”和“百事

可乐”也在不停的争斗中一直高居市场高端。1998年香港《南华早报》有一个新闻标题称：人民可乐叫板可口可乐(People´s Cola March on Cocacola)。这种每瓶比“两乐”还便宜5角钱的可乐，吹响了中国本土可乐的反攻号角，“可乐的名字叫非常”“中国人自己的可乐”的广告横幅拉到了偏僻的城镇，非常可乐成了人民的可乐，成为普通民众幸福生活的象征。

非常可乐刚推出时,可口可乐曾经傲慢且不在意地说：“我们每年都会在全球遇到很多这样的挑战者。”的确，在漫长的市场竞争中，已经有很多可乐品牌在“两乐”的强大攻势下被挤出了饮料市场，但是，娃哈哈集团在配方、质量控制、营销、品牌管理等方面都广泛地吸收和学习“两乐”的经验，并独创性地以农村和小城镇市场为据点，“以农村包围城市”。连可口可乐最终也不得不公开承认，可口可乐在中国的挑战来自中国本土企业的竞争。

翻看娃哈哈的历史，娃哈哈企业集团之所以能从一个校办企业发展到今天国内饮料行业巨头，就是因为它能不断创新，不断推出新产品，从最初的儿童营养液到果奶，到可乐，到矿泉水，到饮料，大有你方唱罢我登场之势，使得娃哈哈这个品牌能常保常新，不易被消费者遗忘，牢牢占据市场，份额不断加大。

TCL的李东生说：“最大的竞争对手就是我们自己。如果我们能不断地超越自己，特别是在成功的时候我们还能继续超越，我们就能保持相对领先的竞争力，我们的企业就能不断地前进发展。”学习与引进，努力与进取，成就辉煌的刹那，就是那一瞬间超越的风华的展示。

跨过康德的“魔桥”，挥一挥衣袖，带走那一片豪情与激迈，作别的是那已成过往的云彩，因为曾经的跨越，因为未来的追寻。

夏娃的第一句话：太贵了，有没有打折？

麦穗哲理

唐斯斯

传说古希腊哲学大师苏格拉底的三个弟子曾求教老师，怎样才能找到理想的伴侣。苏格拉底没有直接回答，却带弟子们来到一片麦田，让他们每人在麦田中选摘一枝最大的麦穗，不能走回头路，且只能摘一枝。第一个弟子刚走几步便迫不及待地摘了一枝自认为是最大的麦穗，结果发现后面的大麦穗多得是，懊悔不已；第二个弟子一直左顾右盼，东瞧西望，认为麦穗不够大，一直到了终点才发现，前面最大的麦穗已经错过了，当不知不觉快走出麦地时，赶紧随便摘了一枝。第三个弟子把麦田分为三份，走第一个1/3时，只看不摘，分出大、中、小三类麦穗，在第二个1/3里验证是否正确，然后选择了大麦穗中的一枝美丽的麦穗。

虽然在数不清的麦穗中找到最大的那枝几乎是不可能的，而且所谓最大的往往也是要在错过之后才能知道，但如果在调查研究的基础上果断出手，这样即使不能选择到最大的麦穗，但离最大的一定也差不太多。这就是“麦穗哲理”。生活中的很多事情都有麦穗哲理的影子，比如面对机遇，比如选择工作。

如果用采撷麦穗象征着选择婚姻对象的话，每个人都只有一次选择机会，要想拥有最完美的婚姻，就不能盲目草率地做决定，否则只会让你日后悔恨；而犹豫不定，又只会错过一次次机会，最后也是空留余恨。只有在青春感性中保持理性，随着阅历的积累，了解到自己真正需要的是什么，再去选择真正适合自己的人生伴侣，得到幸福的概率就会大一些。

这个哲理故事也启发我们在经济决策中如何做正确判断。

比如，老何看房看了三年，最初，每当他看到比较中意的房子时，他总是想一定还有更好的、价格更低的。眼看着房价一天天上涨，现在买要付出比当初高一倍的价格，老何开始后悔不该优柔寡断。小李则是个急性子，刚参加工作就向父母借钱买房，迫不及待地买下一套二手房。不久，他看到一套类似的房子挂牌价却低了几万元，小李后悔当时不该轻易下单。后悔是没有用的，损失已经造成，鲁莽与犹豫让他们各自错过了找到“最大麦穗”的机会。

再比如，当银行存款利率较高时，多数人把钱毫不犹豫地全部存进了银行，以获取稳定的利息收益。而李先生当时只是把1/3的资金存了定期存款，其他2/3选择了支取更为方便、提前支取利息不吃亏的定活两便储蓄，以等待更好的投资时机。不久，国家发行国债，利率比银行高出不少，而且带有保值性质，于是他支取了定活两便存款，购买了国债。这一投资决定让李先生获益不少。国债利息加上保值贴息，年收益高达20%以上，5年时间资产翻了一番。李先生精于理财，投资不孤注一掷，更不因循守旧，用他的理智和果敢摘取了投资过程中“最大的麦穗”。

凡事认真观察，理智分析，然后果断出击，你就会在人生路上赢取一次次成功的机会！

健康时的施舍是金，病中的施舍是银，

死后的施舍是铅！

——犹太人格言

“两分法”悖论

蒋丽梅

公元前5世纪，芝诺生活在古希腊的爱利亚城邦，据说他是一个自学成才的乡村孩子，是数学家帕门尼茨的朋友。他在与他的保护人一起访问雅典时，发明了四个简单的悖论，把一些自鸣得意的哲学家震惊得不知所措。芝诺也因其悖论而著名，并因此在数学和哲学两方面享有不朽的声誉。由于芝诺的著作没能流传下来，故只能通过批评他的亚里士多德在《物理学》中的转述才得以了解他的要旨。

芝诺悖论（Zeno's Paradox）的四大悖论之一是“两分法”悖论，“在你穿过一段距离之前，必先穿过这个距离的一半。”意思是说向着一个目的地运动的物体，首先必须经过路程的中点；然而要经过这点，又必须先经过路程的四分之一点；要过四分之一点又必须首先通过八分之一点等等，如此类推，以至无穷。由此得出的结论就是：运动是不可穷尽的过程，运动永远不可能有开始。

作为一个企业，要达到最终的目标，也需要经过“两分法”的过程，将一个庞大的目标切分成不同的战略雏形，一步一步地慢慢实现。我们可以通过分析“和路雪”针对不同的市场情况制定的不同的策略，将它们连接起来，就可以窥见“和路雪”占领中国市场的脉络。

“和路雪”是世界上最大的冰淇淋制造商——联合利华公司和中国合资推出的冰淇淋产品，上市后一股脑推出包装花花绿绿和名字千奇百怪的

一系列产品——梦龙、顶点……对儿童和追逐时尚的年轻人极富吸引力和诱惑力。1996年，经过三年征战的“和路雪”在中国市场站稳了脚跟，在知名度和销售量上具有绝对优势。“和路雪”雄厚的资金支持了其分销商的迅猛增加和产品线的迅速扩张：如今许多大城市街头冷饮摊点随处可见醒目的“和路雪”，其广告在广播、电视、报纸上频频亮相；品牌下各有价格从1元到7、8元不等的数种产品，公司决定每年都根据中国市场的需求推出4~6个新品种。在此强攻之下，许多国产品牌被一点点从消费者的视线中挤出。

沃尔玛在经营策略上，将自己的消费群定位在中低收入的本地居民。针对这批居民，沃尔玛提供给他们的并不仅仅是“低价”，而且还有归属感和忠诚感。1983年沃尔玛创立了“山姆会员店”，这个会员店是一种会员制的商店，没有柜台，所有商品以更低价格的批发形式出售，这种方式使沃尔玛基本上没有多少利润，却将大批消费者牢牢地吸引在它的周围，令对手无可奈何，“山姆会员店”光是营业额就超过了100多亿美元。随后，它在全球化、信息技术、人力资源(在上世纪80年代沃尔玛就实行了雇员持股计划)、知识管理上一步步进行改造，在“低成本”的宣传下，以出色的后勤物流配送能力和吸引客户忠诚的经营能力为支撑。这种“做强、做长”的目标是通过一步步不懈努力的中点战略慢慢实现的。

“欲速则不达”，要想成功抵达目标的终点，全盘规划与优秀的战略制定可以帮助你顺利找到出发的起点，也许在你到达“距离的一半”的时候，你已经取得了领先的优势。勤奋不已的“两分”，未必一定让你到达目的，但至少你在不断地趋向目的地。

逆境是通往真理的第一条路。

——拜伦

钟摆理论

蒋丽梅

钟摆现象为世人所熟知。一个钟摆，一会儿朝左，一会儿朝右，周而复始，来回摆动。钟摆总是围绕着一个中心值在一定范围内作有规律的摆动，所以被冠名为钟摆理论。在民主政治中，常常发生政党轮替的钟摆现象，比如在美国，一会儿是民主党上台执政，一会儿是共和党上台执政，风水轮流转，三十年河东，三十年河西。但不管哪个党派执政，都必须以宪法为基准，遵守美国民主的基本精神。

在经济生活中，我们也经常可以见到钟摆理论的应用。手机近年来是发展速度快、利润丰厚的行业，手机新产品投入市场的速度令人目不暇接，日新月异的创新成果也层出不穷。但是我们也会发现，当消费者对于手机的某一特征开始形成偏爱后，就会出现一种习惯性向极端发展的状态。以手机铃声为例。从最初的固定铃声，到自编铃声与下载铃声，从单一铃声到和弦，从8、16、24和弦到40和弦。然而，当这种偏爱达到一定极致时，会出现惯性疲劳，消费者会突然发生180度的逆转，抛弃原有的偏爱，或变得冷漠，无动于衷。这就是手机消费中经常出现的“钟摆现象”。

但如果因为消费者的口味时常发生偏移和转变，因而就漠视“钟摆”的摆动，从一开始就居中不动，却是钟摆的“大忌”。正是钟摆往左和往右，才给时钟的运行带来了动力，使得时针能不停地运转，那么钟摆的

左右摆动就变得十分有价值了。诺基亚的手机外观一直备受争议，一句“科技，以人为本”的广告词，“从人出发，替人着想，为人设计”，却始终没有跟上摩托罗拉外观更新的步伐，诺基亚也因此备受争议，媒体报道，最讽刺的批评者说：“再忠实的用户也不会一年到头拿着一个模样的手机吧!”

经营中存在着一种引人深思的钟摆趋势，很多企业以较大的摆度从一个战略直接摆向相反的一侧。美国施乐公司在20世纪70年代就开始进入个人电脑行业，他们曾经制定出一个优秀的战略——要把公司从一个产品和服务提供商转变成一个解决方案的供应商。在这个战略思想的指导下，80年代曾开发了当时世界上最好的个人电脑，为此，公司对企业的组织结构进行大幅度调整。但调整的结果是订单丢失，客户电话没有人接，公司的CEO也在上任一年后被解聘。他们很快停止了这一战略，向钟摆的另一段迅速滑去，所以直到今天大概你也没有见到过施乐电脑。

2002年年初，世界著名电话通信设备制造集团爱立信公司宣布，将对其产品结构进行重大的战略性调整，今后将不再经营手机生产业务。爱立信此次的“不再生产手机”，确切地说，应该理解为“手机生产外包”，即把手机生产环节交由社会制造商承担，其他环节仍由爱立信负责。爱立信虽然整体赢利，但移动电话部分却亏损大约17亿美元。因此，爱立信决定不再“生产”手机，逐步淡化移动电话业务的比重，以削减不良资产。爱立信以手机品牌为支撑的战略从而发生了根本性的“钟摆”。

钟摆理论告诉我们，消费者的需求总在不断变化，肉吃腻了想吃菜，菜吃厌了又想吃肉；但每一次都不是简单的周而复始，而是进入了一个新的层次。就像钟摆一样，幅度、位置虽然没变，但时间已过了若干。作为经营者，就要掌握钟摆的规律，顺势而为。人生如钟摆，输者常能转变为赢家，而赢家下次也常常会输。

屁股指挥脑袋，坐在什么位置上就会说什么话。

——艾丰

普罗塔哥拉悖论
(半费诉讼)

蒋丽梅

传说古希腊有一个叫欧提勒士的人，向著名的辩者普罗塔哥拉学习法律知识。双方订有合同，约定欧提勒士分两次交付学费，开始学习时先付了一半，另一半等欧提勒士毕业以后第一次出庭打赢了官司再付。毕业后，欧提勒士迟迟未执行律师业务。普罗塔哥拉等得不耐烦，于是向法庭提起诉讼。

在法庭上，原告普罗塔哥拉说："如果我打赢官司，那么按法庭判决，被告应该付给我另一半学费；如果被告打赢了官司，那么按我们的合同，被告也应该付给我另一半学费。因而，不论这场官司是赢还是输，被告都应该付给我另一半学费。"

被告欧提勒士也不示弱，他针锋相对地应道："如果我打赢官司，那么按法庭判决，我不应该付给原告另一半学费；如果原告打赢了官司，那么按我们的合同，我也不应该付给原告另一半学费。因而，不论这场官司是赢还是输，我都不应该付给原告另一半学费。"

面对这个"半费之讼"，法官真不知所措。这确实很难裁决。姑且不论个中是非，它所提出的问题是：在人类庄严的法庭上，谁是真正的强者？只要愿意，诉讼双方会永远地对峙下去，但这种竞赛的结果只是时间和精力的巨大浪费。所以我们也经常发现昔日对簿公堂咄咄逼人的双方，如今很多都以商业调解来替代法律诉讼，共同谋求一条低成本的解

决途径。

在中国市场，日本本田、雅马哈、铃木、川崎重工等先后开展了几十次大规模“打假”行动。以摩托车外观相似为由控告中国企业侵犯知识产权。而中汽协的领导则反驳说：“说中国八成产品侵权，拿出证据来！”某摩托车企业的一位副总也表示，仿造并不一定表示侵权，主要看日本摩托车在中国是否申请了知识产权保护。面对来势汹汹的合谋“围剿”，中日双方各执其辞。目前全世界的摩托车需求量已超过2500万辆，接近3000万辆。其中，日本企业或与日合资的厂家，以及中国厂家的产品占了市场份额的大约八成。但如果日系企业执意翻旧账，恐怕国内很少有企业能独善其身。最终，中日双方签订了《委托协议书》，这次争端终于尘埃落定，双方绕开了半费诉讼的怪圈而获得了双赢。

我们中国人一谈法律问题，往往会想到在法庭上打官司。其实在硅谷，高科技公司之间的很多法律诉讼，一拖就是好多年，也打不出什么结果来，大家白白花费了很多的时间和金钱，弄得两败俱伤。比如说，美国硅谷竞争最激烈的两个竞争对手英特尔和AMD之间曾进行了为期8年的令它们声名狼藉的法律斗争。这两家公司多年来在市场上和各种法庭上一直在进行争斗，在1995年终于达成了一个里程碑式的技术共享协议。

客户要打官司，律师是不是会想当然地乐得赚它一大笔钱呢？答案并非如此。实际上，一家律师事务所的水平，往往就表现在能不能在事先尽可能避免客户出现法律上的纠纷，以及一旦出现纠纷之后如何因势利导、妥善解决的本领上。当发生了侵犯知识产权等严重的纠纷时，律师一般会建议客户采用私下解决或仲裁等方式，尽量避免走上法庭。

为了双方各自的利益和目的，法外也可以容情，普罗塔哥拉和欧提勒士如果选择仲裁或者和解的方式，最后达成的协议的成本一定是低于那半费诉讼的。

如果你不想工作，你就必须有一大笔钱；
如果你想有一大笔钱，你就必须工作。

——讷斯

第二只鞋

门　睿

“第二只鞋”语出著名演员马三立先生的单口相声：一个老头儿将楼上的空房租给一个小青年，小青年每晚十一二点钟才回家，上楼时脚步很重，进了屋又重重地将两只皮鞋“咣当”扔在地板上。楼下的老头睡觉很轻，十分怕吵，每每要等小青年扔下两只鞋后才能入睡。老头于是向小青年提意见，要求小青年上楼时动静轻一点，脱鞋后轻轻放在地板上而不要摔在地板上。小青年接受了意见。但晚上回家时却把这档子事儿给忘了，仍按老习惯重重地上楼。当他重重地扔下第一只鞋后，突然想起了楼下老头的叮嘱，于是赶紧把第二只鞋轻轻地放在地板上。楼下老头等不到第二只鞋的“咣当”声，心里不落定，竟然一晚上不敢睡觉。

心理学测试证明，人们在对事态的发展不知会产生何种结果时，最容易忐忑不安，心神不定，出现焦虑情绪。作战官兵在大战的前夕，比如盟军在实施诺曼底登陆之前，都感觉等待非常难熬。又比如火箭升空之前，发射基地的实验人员也都焦虑不安。学生在高考前，运动员在大赛前，经常易躁易怒。这都是因为对未来的预期不能确定的缘故。

反之，一旦事情有了结果，无论是好是坏，人们的心里都有如一块石头落了地。据说有三个罪犯被关进了监狱，一个人知道自己第二天要被判死刑，一个知道自己第二天会被无罪释放，两个人都坦然入睡了。唯独第三个人不知自己第二天是死是活，他的命运要由掷硬币来决定，于是他无

法入眠。

“第二只鞋”如同悬在头上的“达摩克利斯之剑”一样，都是人们对未来危险的一种预期。

人们在处于危险时或在危机降临之前，精神会高度集中，工作会最卖力气，效率也会大大提高。一旦有了结果，人们就会懈怠下来。比如，在升降职考评、工资升级之前，职工会最努力。一旦被解职，则会自暴自弃，不思进取；一旦职位落定，也会松一口气。所以，良好的管理应该使人们不断有危机感，犹如“鲶鱼效应”一样，才会促使员工不断努力进取。

但是，“第二只鞋”也会有完全相反的效果。比如2003年时股民的心态已低落若死灰，大盘爱跌不跌，如此消极应对，反而对股市发展大为不利。一个单位的领导如果总是让下属想着“第二只鞋”，也会使他们分散精力，产生逆反心理，甚至患上焦虑症，反而不利于工作。有时就需要给下属减压，进行心理疏导。总而言之，运用之妙，存乎一心。

压力使人干好一时，热爱使人干好一生。

——贺拉斯

秃头论证

蒋丽梅

秃头的标准是什么？是掉了十万根头发?掉一万根头发?还是掉了一千根头发?掉了一百根头发？哲学上有一个理论：少一根头发能否造成一个秃头?回答说不能。再少一根怎么样?回答说还是不能。这个问题一直重复下去，到后来，回答却是已成为秃头了。茂密的头发脱落了几根，没人会过多在意。但谁也不能断定到底哪根头发的脱落是秃顶的开始，这就是欧布里德著名的“秃头论证”。突变是在人们不知不觉的渐变中发生的，而当你惊觉时，事物的性质早已走到了反面。

经营企业就像护理头发，如果不从一张白纸一枚螺钉抓起，精打细算、厉行节俭，等到发现问题的时候已经走到了腐败与浪费铺张的边缘。已故世界船王包玉刚厉行节俭，就是有口皆碑的例子。他传递给下属的办事指示，都是材质粗劣的信纸，如果文字不多，还会把纸裁成长条子送出。这样的话，一张信纸就可以写三条以上的“最高指示”。

空调企业奥克斯有位高层主管，在公司行业会议上发言，大家看他从西服中内袋掏出讲话稿，展开来，两面都密密麻麻地打印满了文字。起初，有点担心他讲个没完，等听上一段后，又为其精辟独到的见解所折服。结果发言时间掌握得非常适度。大家就有些纳闷：讲稿不是有两面吗?怎么这么快就结束了?等奥克斯的这位代表从讲台上走下来，大家才发现他的讲稿原来是打印在一份废稿背面的。这样做，主要是为了节

约。因为——“纸能看就行，不在乎装帧是否精美。大家关心的只是发言内容。”勤俭的风格，已深深地根植于奥克斯的企业文化之中。

把“秃头论证”运用到企业管理上，日本丰田汽车公司是较为突出的一家。丰田公司2002年度中期决算报告显示，2002年4~9月，集团销售总额为7.88万亿日元（100日元约合人民币6.74元），比上年同期增长了15.4%。这6个月丰田的营业收入增长了44.3%，纯利润增长了90.2%，达到5537亿日元。所有这些数字均为公司历史最高纪录。一个引人注目的事实是，丰田多赚的这些钱，并非是靠多卖车取得的，而是通过加强管理、降低成本实现的。丰田总经理张富士夫说，增长的3243亿日元收入中，1500亿来自加强经营管理、降低成本的努力，900亿来自汇率的变化，只有800亿来自销售市场的扩大。也就是说，在增长的营业收入中，丰田靠管理“抠”出来的钱几乎是卖车收入的两倍!可见抓管理降低成本的空间还是蛮大的。

丰田公司为了尽量减少“脱发”，它的“小气”是很有名的，这家公司内部使用的信封全是旧信封，要求员工们在用过的旧信封上贴一张白纸，写上收信人的地址、姓名，继续使用。公司总务部秘书科的一个科员，发现有许多只打印过一面的废纸，建议公司使用计算机单面打印的废纸，仅这几根毫不显眼的“头发”，一年就为公司节约了10万日元。

秃头是在神不知鬼不觉中慢慢发生的，减少秃头也应该渐进地从细节入手。我们的企业应从管理着手，降低企业运营成本，减少“掉发”机会。

国王如果在百姓的园中摘一只苹果，大臣就会砍一棵果树。

——（波斯）萨迪

入境随俗论

蒋丽梅

所有跨国公司都要过本土化这一关。常言道："入国问禁，入境随俗。"不能不先从地理环境决定论说起。

地理环境决定论在18—19世纪是流行的自然主义思潮的一部分，主张地理环境在社会生活和社会发展中起决定作用的社会理论。16世纪的法国思想家让·博丹主张地理环境决定着民族性格、国家形式和社会进步。他认为，北方寒冷，使人们的体格强壮而缺少才智，南方炎热，使人们有才智而缺少精力。因此，统治国家的决定因素也应当有所不同：北方民族依靠权力,南方民族依靠宗教,中部民族依靠正义与公平。18世纪法国哲学家孟德斯鸠在《论法的精神》一书中也系统阐述了关于社会制度、国家法律、民族精神"系于气候的本性""土地的本性"的观点。

地理环境决定论这种强调环境对于制度、决策的重要影响力的观点非常契合于现在流行的跨国公司的本土化趋向。本土化策略已成为跨国公司向世界延伸的一项重要策略。可口可乐公司曾宣称它比很多本土企业更本土化。可口可乐(中国)有限公司副总裁卢炳松认为，既然消费者遍及世界各国，各国的风俗习惯又不相同，作为世界品牌的可口可乐就应该根据不同国家的文化特性进行营销。结合中国的文化特点，可口可乐公司不仅在营销手段上本土化，还特别在中国推出了"醒目"等连名字都彻底中国化的新品牌。

现在，跨国公司本土化已经不仅作为一种策略，更已成为一种潮流、一种趋势。世界第二大零售商——家乐福(Carrefour)特别重视其分店的本土化工作。从员工到商品再到货架的陈列等等都实行本土化的原则。他们认为本地员工更了解当地的文化、习惯、风俗，家乐福员工的本土化更容易使公司的经营理念融入经营中去。家乐福每决定开一家分店,都得对当地的文化、生活习惯、购买力等因素进行详细而严格的调查与论证。家乐福首席执行官贝尔纳认为：“一个零售分店就是它所处的国家的缩影，该分店必须适应当地的文化氛围。”在中国，家乐福分店蔬菜的切法绝不会是欧洲的横切法，而一定是中国的斜切法或竖切法。家乐福90%以上的商品是向当地供应商采购的，其陈列方式也是按当地的消费习惯和消费心理而定的。比如在中国，消费者喜欢从大量的商品中选择自己喜爱的商品，然后再决定是否购买。为迎合中国消费者的这一爱“挑选”的习惯，家乐福的货架上增加了同类商品的供应量以方便顾客选购。

在白热化的化妆品市场争夺上，地理环境的决定效果反映得更为明显。各大化妆品品牌都已推出更适合当地消费者的皮肤、发质和审美习惯的产品。在竞争激烈的手机市场上，西门子对全球市场消费族群进行了六大区分，他们分别是“传统人士”“重视社交生活人士”“追求卓越人士”“时尚好动人士”“追求享乐人士”“积极进取的商务人士”。根据调查，“传统人士”在欧洲分布最多；“时尚好动人士”与“追求卓越人士”在美国很普遍；而“重视社交生活人士”“积极进取的商务人士”“追求享乐人士”在亚洲最多。有意思的是，西门子还在亚洲发现了一个新群体——时尚青年，该群体交叉存在于前六大手机消费族群之间。在重视科技的同时，他们也树立起个性和人性的品牌形象，针对不同地域和消费族群设计不同类别和功能的手机，从而施行自己的销售战略。

从不同的地理环境出发，针对不同的个体，进行针对性的生产和消费，才是真正的“一切以人为本”。

鱼对人说：“你看不到我的眼泪，
因为你不在水中。”

“一度”效应

蒋丽梅

气温只要有1°C的变化，商品的销量就会随之发生很大改变，这种由于气温的变化造成的连锁反应，我们称之为“一度”效应。

“一度效应”中最为敏感的是电力消费，据东京电力公司的一项调查，气温从33°C升至34°C，用电量增加156万千瓦时。2003年夏天我国持续高温，空调与冰箱旺销，人们的用电量普遍增加，杭州、武汉、南京等几个城市也出现了缺电现象，一些城市甚至不得不限制工业用电以保障市民的生活用电。

家电商品中受天气影响最大的是空调器。在日本，夏天气温每相差一度，销售量可上下浮动30万台。1993年的“冷夏”致使全行业库存增至224万台，商家不得不忍痛甩卖。对于生产商而言，如果不了解气候变化的趋势，就无法掌握市场的前景，只能盲目决策。因此，对企业决策者来说，提高企业承受气候风险的能力是摆在他们面前的一个新课题。

大量的研究表明，气温超过29°C时雪糕比冰淇凌好卖，超过31°C碳酸饮料比雪糕好卖。对以上情形，气象环境专家认为：流通业销售额的65%取决于天气，因为天气直接影响人的生理、心理，支配他们的消费行为。超市、便民店的客流量直接受天气影响，于是店主们在销售活动中也开始注意充分利用天气预报信息。日本一家著名的食品超市1996年春在两个城市的20家分店引入了天气预报参与经营的方式，每天早上8

时，本部将当天天气预报传给两地的20家分店，经理们便以每6小时的气温、降水概率等数据为依据制定当天的营业方针，后来又增加了未来一周天气预报，使进货量与销量更加接近，闭店前剩余商品的废弃损失明显减少。

气温变化直接影响商品的销售，有来自德国的统计，夏季气温每上升一度，就会增加230万瓶啤酒的销售量。得益于这样的商业环境，气象机构便开发出啤酒指数，它是啤酒商调整产量的重要参数。日本则根据“夏季30摄氏度以上的气温多一天，空调销量即增加4万台”的现象，开发出“空调指数”。在英国的一些大型百货超市，有相当一部分属于气象敏感商品，这些商品每天需要采购多少、在一天的哪个时段进货，直接取决于当天天气状况。而精确到以小时为单位的“敏感商品指数”，为避免商品脱销或滞销提供了决策依据，为超市“趋利避害”节约大量成本。

通过综合手段敏锐地把握住气温变化导致的消费者的需求变化，才能赢得市场、赢得主动。“靠天吃饭”的同时还要“一叶知秋”。

泰山不却微壤，故能成其高，
江河不择细流，故能成其大。
——荀况

罗密欧与朱丽叶效应

蒋丽梅

莎士比亚的名剧《罗密欧与朱丽叶》描写了罗密欧与朱丽叶的爱情悲剧。他们相爱很深，但由于两家是世仇，感情得不到家里其他成员的认可，双方的家长百般阻挠。然而，他们的感情并没有因为家长的干涉而有丝毫的减弱，反而相爱更深，最终双双殉情而死。在现实生活中，也常常见到这种现象，父母的干涉非但不能减弱恋人们之间的爱情，反而使感情得到加强。外部的干涉越多，反对越强烈，恋人们相爱就越深，这种现象被心理学家称为“罗密欧与朱丽叶效应”。

心理学家的研究还发现，越是难以得到的东西，在人们心目中的地位越高，价值越大，对人们越有吸引力；轻易得到的东西或者已经得到的东西，其价值往往会被人所忽视。我国民间过去流行这样一种说法，“妻不如妾，妾不如偷，偷不如偷不着”，也就是说的这种心态。

重庆市一位姓郑的技术工人于2002年10月辞职以后，在重庆市大坪正街，正式挂出“难觅物品商店”的招牌。在他的商店里，摆放着人们平时很难看到的一些商品：重量不过四五公斤的折叠式自行车、带毛刷的家用擦鞋机、小孩尿床时及时提醒家长的尿湿报警器等。郑向宏的“难觅物品商店”一开张，立即引起强烈反响，被“买不到”商品缠得焦头烂额的人们蜂拥而至。看着络绎不绝的人流，郑老板喜在心里，知道这回自己算是找准了创业路子。“难觅物品商店”以良好的信誉赢得了人们的赞誉。

截至2003年3月底，“难觅物品商店”每个月帮助人们解决“办不到”的烦恼达到四五百起。2003年3月，仅仅这一个月，“难觅物品商店”的纯收入就达到了2万余元。

现在很多的广告宣传大多以强烈的色彩刺激、变幻的图像切换、奢华的享受情景来传递一种金领阶层的生活方式。这两年来，无论是国外品牌还是国产手机，在广告创意上无一例外地都以宣传“时尚生活”为焦点，酒吧、迪厅、红裙子、奔驰的汽车、媚惑的眼神……这些都成为手机广告里不可或缺的场面。这种以享乐主义、快乐至上和速食爱情为标志的生活，在这个物质社会上太过梦幻，只有在电影、电视里以一种理想化的形式，提供给我们这些沉迷于世俗的人作为一种消遣和理论上的样本。

“曾经有一份真诚的爱情放在我面前，我没有珍惜，等我失去的时候我才后悔莫及，人世间最痛苦的事莫过于此。如果上天能给我一个再来一次的机会，我会对那个女孩子说三个字——我爱你。如果非要为这份爱加上一个期限，我希望是一万年。”看白米粒时想起朱砂痣，见蚊子血时忆起明月光。

高贵必从勤苦得，男儿须读五车书。

——杜甫

“逃票乘车”理论

李　军

“逃票乘车”理论是美国经济学家奥尔森在20世纪60年代提出的。他在《集体行动的逻辑》一书中指出：集团的利益属于所有的人，集团越大，成员的心理就越会趋向于坐享其成，即不支付公共品总成本中应分担的份额，而分享公共品带来的收益。

按照一般逻辑推理，一个具有共同利益的群体，一定会为实现这个共同利益采取集体行动。譬如，住在同一座楼里的邻居会提供公共通道的照明灯；同一社区的人会保持公共环境卫生；消费者会组织起来与售卖伪劣产品的商家斗争。可在研究中奥尔森却发现：由于集体行动的成果具有公共性，所有集体的成员都可能从中受益，包括那些没有分担集体行动成本的成员，这时就容易出现“逃票乘车”的问题。也就是说，大家都希望别人来为集体行动付出，为公共物品投入，而自己坐享其成。在现实中，公共品的外在成本和收益很难核算，在决策时，追求的既不能是个人效用最大化，也不是企业利润最大化，而是整体社会效用最大化、整体社会福利最大化，所以市场经济中“谁投资谁受益”的规则在纯公共品中就行不通了。较为典型的例子是：由于罢工的胜利，工人获得加薪，这对所有工人都有好处，但那些参加罢工的工人却承担了所有风险和成本，那些没有参加罢工的工人却坐享其成。南郭先生混在齐宣王的乐队中滥竽充数，却和那些卖力气演奏的乐手们得到一样的奖赏。

由于很多人都有不愿付费只愿享用的“逃票乘车”心理，所以公共物品不能由私人来集资，而必须由公共部门或政府来承担供给的责任。这也是政府要通过税收强制人们为公共物品的生产做出贡献的理由。

试错理论

蒋丽梅

“尝试一错误”是美国心理学家桑代克在19世纪末20世纪初根据大量的动物实验得出的问题解决的理论。其中他用猫做的“迷笼”实验最为经典：他将猫放在一个特制的迷笼内，笼外放有可望而不可即的食物。猫在笼中乱撞乱跑的活动中偶然触动了开关，从而得到食物。在以后的重复实验中，猫的纷乱动作随着尝试次数的增多而逐渐减少，最后猫一进入迷笼就去触动开关，一下就得到了食物。桑代克认为，动物学习的过程是一个不断尝试、不断错误，最后获得成功的渐进过程，问题解决是一定的情境和一定的行为在多次联结中最终达到一定目的或效果的学习行为。

人的学习与动物的学习在本质上是一样的，只是复杂程度不同。据此他认为，以上观点也适用于人类的学习。由于学生的尝试是没有指导的尝试，大部分学生都无法在第一次尝试中便能获得成功，因此学生的学习过程必然是一个尝试→错误→再尝试→再错误，经过大量错误后才取得成功的尝试错误的渐进过程。

尝试的结果要么是偶然的成功，要么是注定的失败。但正是不断的探索和尝试，才能达到成功的彼岸。趋势科技是一家生产国际互联网防病毒软件的民营企业，在14个国家拥有550名员工。他们所倡导的“犯错误，不要紧”的文化让公司仅用十年时间就成长为亚洲最大、全球第二

的国际互联网防病毒软件生产企业。在最近五年中，年增长率都保持在70%以上。

但是失败的教训也是巨大的，在激烈的市场竞争中一个错误的决策可能会毁掉成功的时机和可能，尽量提高“尝试一错误”模式中的成功概率，降低“尝试一错误”的次数可以帮你赢得先机。达特茅斯学院所属塔克商学院悉尼·芬克尔斯坦教授出版了一本《聪明的经理为何会失败》（Why Smart Executives Fail）的培训书，他从企业界每年发生的众多事件中仔细筛选出上百个案例，情节均十分曲折复杂，将这些案例在哈佛商学院等学校内供学生们仔细研究。芬克尔斯坦认为：“学习成功经验的最好方法是从研究失败的教训中获得。”通过研究别人的失败，来总结经验教训，降低“尝试一错误”学习过程中所付出的成本。

失败也是一种学习，其实失败并不如想象的那样可怕。失败是硅谷成功的秘密。九成的创业公司都无法公开上市，硅谷的人不论在媒体，或是公开场合都会以开放而透明化的心态来谈论这些失败的例子，他们从失败中学习。在硅谷失败就是成功，不肯谈论你的失败才是失败。失败让人们承认自己不够完美，而且犯了一堆错误，这在高风险的创业企业中是非常重要的。人们必须彼此公开地分享失败的经验，因此他们可以学习。就像骑自行车，第一次骑的时候总是不太顺手，但摔了几次以后，我们终于在疼痛中学会了二轮行走的技术。

失败是成功之母，不敢失败就等于不敢成功。但是当我们摔倒了以后，别学阿Q自我解嘲一番就算了事，“跌倒了，也要抓把沙子。”当沙丘堆起的那一刻，你并没有鲜血淋淋，而是拥有了一个更为灿烂的明天。

成功学认为，经理人应多看成功的案例，少研究失败的案例；因为失败的案例让人畏手畏脚，不敢创新。

手表定律

陈 哲

手表定律是由英国心理学家P.萨盖提出来的，说的是，只有一只手表，可以知道是几点，如果有两只或者两只以上的手表，反而无法确定是几点。两只手表并不能告诉一个人更准确的时间，反而会让看表的人失去对准确时间的信心。无独有偶，在佛教《百喻经》中也讲述了这样一个故事，一条两头蛇，左头要向左游，右头要向右游，无法行走，结果掉落油锅中烫死了。

从个人角度讲，手表定律说的是价值观的问题，一个人不能同时设立两个不同的目标，否则将无所适从，也不能同时选择两种不同的价值观，否则他的行为将陷入混乱。价值观，简单地说就是我们比较喜欢、珍惜和认为比较重要的事情。小时候，我们多半都会接受父母的价值观，因为我们将父母视为心中的楷模，而父母也常根据孩子能否接受这种价值观而给与奖惩。上学的时候又会受到同学和老师的价值观的影响。成年以后，我们更是在不断修正自己的价值观，有些人有些事变得更重要，有些人则渐渐淡忘了。在这个人成长的同时也是改变的过程中，我们常常会感到彷徨、苦闷、迷茫，实际上就是在对内心的价值观进行取舍选择，在接受了新的价值观而又不能完全放弃旧的价值观时，就会产生各种反常行为和心理压力。

从管理的角度讲，一个企业，不能同时用两种不同的管理方法，不能同时由两个上司来指挥，否则将会乱套。有些公司的老板，思维非常活跃，一天一个政策，一转眼一个创意，今天搞ISO，明天搞人性化管理，

后天又抓流程改造。往往一个政策才执行到一半，员工就被要求执行下一个政策，这样的企业往往会令员工无所适从，消极懈怠。甚至有的企业的员工都能总结出这样的规律：老板第一次发布政策时，可以不管，第二次还这么说，那就可以开始考虑，如果第三次再强调相同的话，这才应该去做了。企业、政府为何令行而禁不止，上面言之凿凿，下面行之了了，恐怕和朝令夕改有很大的关系。

手表给我们提供的是一个标准，如果连标准本身都不能稳定，那么参照这一标准而进行的一系列事情就会谬以千里了。

拥有太多的可能并不见得好，一个人有一块表知道现在是几点钟，有两块表就不知几点了。

——克雷洛夫

萨缪尔森的“幸福公式”

蒋丽梅

著名经济学家保罗·萨缪尔森（Paul Samuelson）有一个著名的幸福公式：幸福=效用/欲望。在他看来，幸福取决于两个因素：效用与欲望。效用是一个抽象的概念，在经济学中用来表示从消费物品中得到的主观享受或满足。萝卜青菜，各有所爱，因为它的主观性，所以，价钱越高不一定效用越高，消费越多也不一定效用越高。欲望就是想要达到的目标。从个人和家庭的角度来看，欲望就是过上高品质的生活，子女受到良好教育，能满足自己的爱好，能过上养尊处优的晚年，一生平安，无忧无虑。

显然，萨缪尔森的幸福公式说明，我们的幸福生活，就是过上“令人满意”的生活。当欲望既定时，人的幸福就取决于效用，效用越大越幸福；当效用既定时，欲望越小越幸福。总之，效用越大越幸福，欲望越低越幸福。

一份20世纪末的社会调查问卷，关注的就是“快乐”这个主题。调查的结果显示：美国人快乐水平是比较高的，60%的人感到自己是快乐的。而中国大陆的情况却令人沮丧：认为自己快乐的人只有10%。其他各国情况不一。中国人力资源开发网发布了国内第一份《中国“工作幸福指数”调查报告》。报告表明，中国职场人士总体工作幸福状况也不容乐观。有近三成的被调查者的工作幸福感偏低，而仅有一成的被调查者的工作幸福

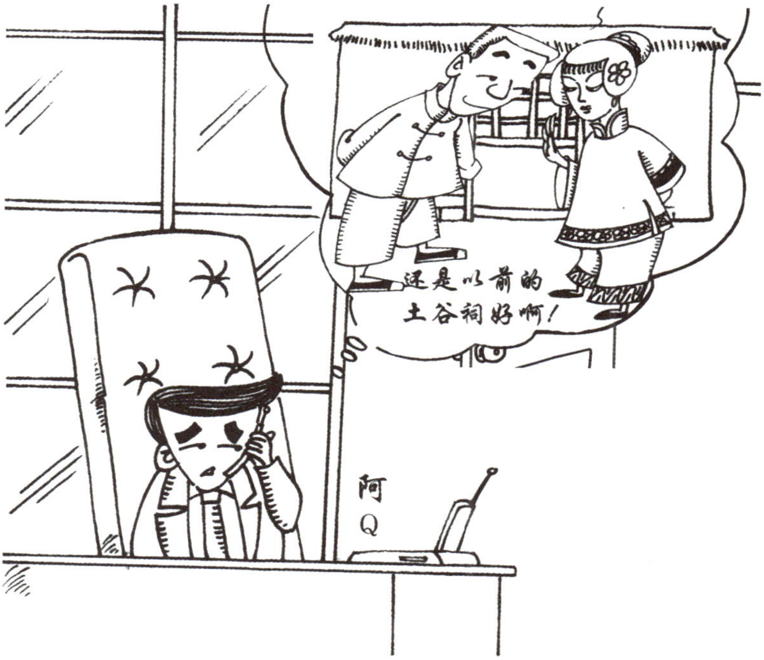

感较高。

在某一阶段内，幸福最大化=效用最大化=收入最大化。但是无论多富有的人，他所拥有的财富都是有限的，即便衣食无忧的人，如果他有无穷欲望，则难免“欲壑难平”。不过，人的欲望总是无穷无尽的，所以，从某种角度看来，无论效用有多大，与无限的欲望相比，幸福都等于零。

比利 · 鲍勃 · 哈勒尔曾是美国得克萨斯州一家建材市场的装卸工，47岁那年，他赢得了总额高达3100万美元的彩票头奖。两年后，拥有7处房产和5辆崭新汽车的哈勒尔把自己关在他漂亮的牧场豪宅的9间浴室中的某一间里，脱去衬衫，用霰弹枪向自己的心脏开了一枪，当即死亡。

同时，幸福的效用是需要在比较中得以凸显的，比如你最近在上海的市中心买了一幢别墅，你觉得很开心。但实际上你觉得开心只有很少一部分是因为你住在这样的房子里给你带来的，更多的是因为比较而产生的。

从时间性比较来说，如果你以前住在阁楼里，那么现在你住别墅就会感到非常幸福。如果你以前住的是花园洋房，那么你不会感到特别开心。从社会性比较来说，如果你和你周围的人，你的朋友同事进行比较时发现，其他人都还住在普普通通的公房，而你现在有自己的别墅，你当然会很开心。如果说你周围的人现在已经住在更好的地方了，那么你就算住在别墅里感觉舒服，你也不会非常开心。所谓“人比人，气死人”。

想不想换一个工资更高的工作?

当然想。

为什么要追求更多的工资呢? 为了生活更富裕。

生活更富裕为了什么呢?

……

如果乞丐比盖茨更加快乐，我们是应当羡慕盖茨还是应当羡慕乞丐?如果幸福只是一杯巧克力冰淇凌，这个世界也许会美好许多。

一个中了一百万大奖的人却闷闷不乐，
原因是他买了两张彩票，只有一张中了奖。

官窑机制

陈　哲

2004年10月6日，一件雍正皇帝穿过的明黄缎绣五彩云龙纹龙袍在中华世纪坛公开展览，吸引了不少观众的目光。这件龙袍历经二百多年，但依然金光灿烂，像新的一样。这是怎么回事？原来这件龙袍不褪色的秘密在于上面的金龙是用纯度达99.9%的金丝绣制的，所以依旧耀眼夺目；其他彩色的部分，是用不同颜色的孔雀羽毛织成的，避免了植物染料漂染后的丝线易褪色的问题。这样一件龙袍，从量尺寸到最后由江宁织造府的工匠完成，至少需一年时间，耗费工料之巨难以计算，堪称无价之宝。

这件龙袍是典型的官窑机制的产品。官窑出精品，这似乎已是常识。大家都知道，我们国家顶尖的瓷器都是官窑烧制出来的。历代的官窑并不一定就是官府办的，大部分都是民间的，但是官府出钱，只能专门为皇宫烧制瓷器。官窑窑主如果不能按时按质交出皇家需要的精致瓷器，不仅要破产，十有八九还要掉脑袋。但好在有国库撑腰，有的是银子，官窑窑主就可以聘请最好的工匠，可以不计成本地精益求精，所以官窑能够出精品。

但是现在官窑机制受到很多人的抨击，因为官窑机制常常不计成本，往往被指责为劳民伤财，浪费资源。不过官窑机制也不是一无是处。美国政府当初运用官窑机制开展“阿波罗”登月计划和“星球大战”

计划的时候，举国一片反对声。这两项计划的实施，当初确实花费了美国纳税人大把的钞票，也产生了一些不可避免的资源浪费。但正是这两个计划奠定了美国的霸权地位和全球技术领先地位，推动了美国经济和社会的长远发展。而中国历史上官窑机制的杰作——长城，修建时也是民众暗地里唾骂，甚至编出了“孟姜女哭长城”这样的故事来表达对秦始皇的不满和愤怒。但是今天看来，长城是遗留给中华民族的一份宝贵财富，在历史上也确实起到了阻止外敌入侵的作用。而其他国家一些历史上的精品，如埃及的金字塔，也是官窑机制的杰作。

官窑机制运用好了，对中国是大有裨益的。譬如中国在奥运会和其他体育赛事上取得了许多好成绩，便要归功于体育选拔与培养方面的举国体制。当然也有人质疑国家培养一个奥运金牌得主的花费是否过巨？

但是能让中国老百姓扬眉吐气，证明中国人不是“东亚病夫”，从而能自立于世界民族之林，钱多花些又算得了什么。不过官窑机制也要运用适当，北京承办2008年奥运会，刚开始时不太注意控制成本，奥运场馆设计有点奢侈浪费，这种风气是要刹一刹。好在“鸟巢”的去盖已经说明了人们对官窑机制弊端的认识和纠正。

愚蠢常因富贵而得到原谅。

——贺拉斯

鳄鱼悖论

蒋丽梅

一位母亲抱着心爱的孩子到河边洗衣服。一条鳄鱼偷偷从旁边游近她，从她的怀抱中把孩子抢走。母亲非常痛苦，哭哭啼啼地央告鳄鱼把孩子还给她。

“我可以把孩子还给你，但有一个条件”，鳄鱼说：“你猜一猜我会不会吃掉你的孩子？如果你答对了，我就把孩子毫无伤害地还给你。答不对嘛，那我就把他吃掉了。”

母亲思索片刻回答说：“啊！你会吃掉我的孩子。”

“嗯……如果我把孩子交还给你，你就说错了，我应该把他吃掉。”鳄鱼高兴起来。

“可是，这样你必须把孩子还给我，因为如果你吃了我的孩子，我就说对了。你答应我说对了就把孩子还给我的。”

愚蠢的鳄鱼懵了，只好把孩子还给了母亲，母亲抱起孩子就跑掉了。

悖论本是一种哲学领域的有趣现象，即对于某一论点，若认为它正确，则能推导出“它是错误的”结论；相反，若认为它错误，则又能推导出“它正确”的结论。守信的鳄鱼因母亲机智的问答陷入了两难的境地，丧失了饱餐的机会。机智的母亲因鳄鱼自设的迷局解救了落难的孩子，规避了丧失孩子的痛苦。

当悖论运用到经济生活中时，也会变得非常有趣。很多企业在进行

自己的产品宣传时，经常会犯和鳄鱼同样的错误。比如，某品牌洗衣粉做广告时，总是拿二代和一代相比，说二代洗衣粉衣服洗得干净，而一代洗完后还有许多污渍。这就是个悖论广告，否定前者却肯定不了后者，顾客自然会认为，将来推出三代洗衣粉，又会否定二代。

当今中国市场上许多汽车的销售就陷入了悖论境地：不降价，顾客嫌贵不买车；降价吧，顾客怕买了车立刻贬值又不敢买。厂家就像鳄鱼一样陷入了两难困境。

好的汽车厂家一开始就把车价定得十分合理，宁愿供不应求，也不牟取暴利，这就避免了日后陷入鳄鱼悖论的境地。切忌赚一时暴利，伤了品牌的信誉，伤了消费者的信任。

好的企业总是在进行着优秀的承诺，言出必行，给人以诚实守信的良好印象。劣质的承诺不仅是一种盲目的自信，相反还是一种底气不足与虚夸，甚至还会出现悖论，最终即使流下鳄鱼的眼泪，恐怕也于事无补。

冻僵的人对着炉子说：
“给我热量吧，我会给你添柴。”

威尼斯商人陷阱

蒋丽梅

《威尼斯商人》(The Merchant of Venice)是莎士比亚四大喜剧之一，约作于1596年。剧中描写威尼斯一位身无分文的贵族青年巴萨尼奥，为向富家嗣女鲍西娅求婚，向好友安东尼奥借钱，商人安东尼奥为帮助朋友，转而向犹太人高利贷者夏洛克借了一笔钱。并定下协议，如果还不

上钱，就割掉身上一磅肉。

后来当安东尼奥无法执行契约还债时，夏洛克要求按照约定割安东尼奥身上的一磅肉。聪明的鲍西娅化装成律师来到威尼斯，她顺水推舟赞同夏洛克。众人大惊。鲍西娅又巧妙地对契约做出了新的解释：“契约规定的是一磅肉，但是不能多也不能少，更不能使债务人流一滴血；如果流血就必须由债权人偿命。”如果夏洛克割肉时流下一滴血，他的财产就要充公。夏洛克大惊失色，他掉进自己挖的陷阱里，只好作罢，安东尼奥转危为安。

商战中处处有陷阱。企业之间只有做到互惠互利，讲求诚信，才能实现共赢格局。签协议如此，销售商品亦如此。那种只想欺骗消费者、自以为很聪明的企业，其结果非但割不到顾客的肉，还会落入自制的圈套。君不见，当年汽车行业拼命高定价，自以为赚了很多利润，但却失去了民心与信任，导致现在车价近似雪崩，而消费者仍然持币待购。车市无比寒冷。股市更是如此，如果只想圈钱，不思回报，最后股民完全丧失信心，钱圈不到，还会给政府威信及社会带来伤害。

霸王条款亦如“割肉条款”。商场的道理一如处世的道理，莎士比亚早就给出了无数金科玉律，这就是为什么读者在莎翁的剧作中能够领悟商业管理精髓之处的原因。他教我们认清形势，洞察人心。

石头砸在瓶子上，瓶子破；瓶子砸在石头上，还是瓶子破。

——犹太人格言

劣币驱逐良币
（格雷欣法则）

陈　哲

劣币驱逐良币是经济中的古老现象。在铸币流通时代，铸币所代表的价值就等于它本身的价值，但由于钱币是国家发行的，以法律规定了同样的面值，在使用中没有差别，足值与不足值的铸币可以在市场上一样流通。但时间一长，人们发现了这一现象，就把值钱的成色好的足值铸币留下来作为储藏，而把不足值的铸币赶紧花出去。结果，留在市场上流通的都是成色不好的不足值铸币，这样，劣币把良币赶出了市场，整个市场上流通的货币所代表的实际价值就明显低于它的名义价值了。

劣币驱逐良币法则也叫格雷欣法则（Gresham´s Law），是由英国经济学家托马斯·格雷欣爵士（1518—1579）于1558年提出的，故以其名来命名。但在中国，早在公元前2世纪，西汉的贾谊曾指出“奸钱日繁，正钱日亡”的事实，这里的“奸钱”指的就是劣币，“正钱”指的是良币。而唐代的刘晏于760年认为可以运用该规律，采取以毒攻毒的方式，将乾元重宝的法定价值贬到它的实际价值以下，从而迫使劣币退出流通界，唤出良币。这说明，劣币驱逐良币现象不是某个时期某个地域特有的，只要经济有一定程度的发展，而相关的法规缺席或不健全，就会出现这种局面。

北京的自行车行业是全国最发达的，供需两旺，但由于太分散，价值也不大，很难管理。于是就有：三五个人租间屋，买些来路不明的散件三下五除二就拼装出一辆自行车，再随便贴个牌子，推向市场，而那些货真价实的品牌自行车哪能抵挡住冲击？在同等价格下，它难以弥补其成本，只有被假冒伪劣的拼装车挤出市场。所以出现了北京的自行车市场到处充斥着差车，名牌好车仅占很小的份额。

再来看看劣币驱逐良币法则在生活中的应用。我们会发现美丽的女生往往有一个平庸的男朋友，而优秀男生的女友又常常长相平平。这样的情况频频出现，绝非偶然。过程是这样的：假设优秀男生甲和另一男生乙共同追求美丽女生丙，男生乙自知论帅气程度及经济实力都不如甲，所以追求攻势就格外猛烈。而甲虽然也很喜欢丙，但碍于面子，也由于自恃实力雄厚，所以追求起来就内敛含蓄。美丽女生丙实际上喜欢甲要远胜于乙，但由于信息不对称——她不能肯定甲是不是也像乙那么喜欢她，再加上女孩子的自尊心作怪，所以会显得很矜持。最后的结果很可能是乙大获全胜娶到了丙。而丙会带着遗憾，心里想着甲却成为乙的新娘。虽然无奈而却实在，生活中许多事情的结果大抵都是如此。

即使是没有内在价值的纸币，我们也习惯把刚领到的新钞留给自己孩子当压岁钱，把最烂最脏的票子拿去买菜，大家都这么做的结果是找给你的总是早该回笼销毁的昏钞。而用来替换它们的新钞则反被它们替换，沉淀在千家万户睡大觉。

劣币驱逐良币实际上是一种反淘汰现象，在生活中太常见了，比如挤公共汽车，被甩下的除了老弱病残，就是公德水平高的人，不守规则的人反而先上车占好座。

你让他去借顶帽子，他却连人家的脑袋一块搬来。

——阿富汗民谚

阳光法则

陈　哲

阳光法则也称为温暖法则，源于法国作家拉封丹写过的一则寓言：北风和太阳比威力，看谁能把行人身上的大衣脱掉。北风首先来一个寒风凛冽，想通过更大的风把人的衣服吹掉，结果行人把大衣裹得紧紧的。太阳则把阳光温暖地照射在行人身上，顿时风和日丽，行人因为觉得暖意融融，始而解开纽扣，继而脱掉大衣，太阳获得了胜利。这则寓言形象地说明了一个道理：温暖胜于严寒，做事要遵循事物的规律，要善于诱导而不是强制压迫，才能激发主体的积极性，从根本上解决问题。

比如，拿薪酬制度的操作来说，对于不同的群体要知道他们最想要的是什么，分别加以考虑才能收到最好的效果。在公司内部，那些低收入层次（从事操作性岗位）的员工最为关心的是劳动收入的如数兑现和绝对额的增加。笔者曾参观过一家小型模具公司，它的工作环境狭小而零乱，但员工全都专心致志地做着手上的活。没有人看管，为什么他们竟会如此认真自觉？老板解释说：“最主要是有一条：各道工序详细的定额报酬制定得清清楚楚，每天干好干多，得多得少，非常简单，工人心里也清清楚楚。”由此可见：欲发挥员工能动性，找到劳动效率和劳动收入的平衡点才是关键。

至于那些较高收入层的员工（从事日常管理的），他们在得到了彼此认可的报酬后，自然会把关注点移到另一个方面，那就是能力施展的空

间，被领导信任尊重的程度。某公司有位主管，当得知自己的上司要被调离时，竟难过地哭了。那位领导得知后解释道："在较短的时间内，我既没给他们加薪，也没给他们升职，我只是很重视他们所从事的工作岗位，给予他们应该有的做事的空间，并且在需要承担责任的时候我会站出来。时间久了，就产生了信赖感。"

领导者运用阳光法则来实施管理，就是要尊重和关心下属，以下属为本，多点人情味，使下属真正感觉到领导者给予的温暖，从而去掉包袱，激发工作的积极性，也就是"以人为本"，这往往会收到纯经济激励所不能达到的效果。以人为本还可以体现在企业管理的其他方面。对于客户，企业应力求做到他们的产品有实用价值，为对方价值的创造提供帮助，并能使用户在使用过程中感受到他们产品的技术、质量、服务为其带来的愉悦；在产品设计思想上，产品的功能和外形必须充分考虑顾客的利益，符合人体工程学原理；在生产工序和流程的安排上，既考虑效率又考虑员工的积极性等。

大禹治水用疏而不是堵，高明的管理者使用激励而不是压迫，有经验的教师采用启发而不是灌输……阳光法则体现了万物的规律，揭露了人性。

使人疲惫的不是远方的高山，
而是鞋里的一粒沙子。

——伏尔泰

凡勃伦效应

陈　哲

款式、皮质差不多的一双皮鞋，在普通的鞋店只卖80元，进入大商场的柜台就要卖到几百元，却总有人乐意到大商场去买。1.66万元的眼镜架、6.88万元的纪念表、168万元的顶级钢琴、600万元甚至900万元的迈巴赫、本特利轿车，这些近乎“天价”的商品往往也能在市场上走俏。

其实，消费者购买这类商品的目的不仅仅是为了获得直接的物质满足和享受，更大程度上是为了获得心理上的满足。这就出现了一种奇特的经济现象，即一些商品价格定得越高，就越能受到消费者的青睐。由于这一现象最早是由美国经济学家索尔斯坦·凡勃伦（Thorstein Veblen,1857—1929）注意到的，因此被命名为“凡勃伦效应”。凡勃伦在《有闲阶级论》（Theory of the Leisure Class,1899）一书中把商品分为两大类：非炫耀性商品和炫耀性商品，其中非炫耀性商品只能给消费者带来物质效用，炫耀性商品既能给消费者带来物质效用又能给消费者带来虚荣效用，所谓虚荣效用是指通过消费某种特殊的商品而受到其他人尊敬所带来的满足感。他认为：富裕的人常常消费一些炫耀性商品来显示其拥有较多的财富或者较高的社会地位。消费者在消费炫耀性商品时之所以能够得到虚荣效用，是因为他的购买行为被其周围的人观察到，其他人由此推测出他所拥有的财富，进而在交往中对之尊敬，使得他能够获得较大的满足感，所以消费者会购买那些能够让别人觉得或知

道昂贵的商品。

随着社会经济的发展，人们的消费会随着收入的增加而逐步由追求数量和质量过渡到追求品位格调。只要是消费者有能力进行这种感情的购买，凡勃伦效应就会出现。了解了凡勃伦效应，经营者就可以利用它来探索开展新的经营活动。

企业可以凭借媒体的宣传将企业形象转化为商品或服务上的声誉，使商品附带上一种高层次的形象，给人以“名贵”“超凡脱俗”的印象，从而影响消费者对商品的情感。这种价值的转换在消费者从数量、质量购买阶段过渡到感性购买阶段时，就成为可能。

时尚衣着便是一种，比如20世纪20年代风靡一时的迷你裙（伦敦那时候流传的一句笑话是：“小姐，你的裙子短得让胸围走光！”）便被经济学者认为与那时候有着“兴奋”前景的经济状态有关，因为穿迷你裙可以使那时昂贵的丝袜得到炫耀。此后，30年代经济衰退，短裙亦随之变回长裙，原因也是因为没钱买名贵丝袜了。我们也可从凡勃伦效应的角度引申，任何一种时尚流行都是针对那些后来者的炫耀。近年的时尚工业更是变本加厉地依靠着“有闲炫耀”这一主题在运行着：高端时尚品牌一起合力经营着属于他们的“有闲阶级”形象。其中规律，我想大家在阅读时尚品牌的广告中都能大致发现其一二。

凡勃伦效应甚至可以为体验经济做注解：买的就是一种感觉！

卖汽车，定价 10 万要比 9.8 万
更让人心理满足。

边际效用

陈　哲

边际效用是经济学中最基本最常用的概念之一，如果你学会了边际分析的方法，那么你也就具备了像经济学家一样思考问题的潜力。举一个每个人都有亲身感受的例子来说明这个原理。当你饿极了的时候终于得到了食物（我们假设是一袋包子），那么吃下去第一个包子，你会觉得真是雪中送炭，从来没有这么好吃过；第二个包子吃起来也是同样的舒服，真是珍馐佳肴；吃到第三个包子时，你会觉得虽然好吃但最好还有点别的什么东西换换口味；第四个包子已经让你得到了完全的满足；再吃第五个就已经有点勉强了；硬着头皮吃第六个包子是因为旁边有人在拿棒子逼着你；吃完第七个包了以后你会发誓今后再也不碰这东西了；至于第八个，打死也不吃了！每增加一个包子给你带来的满足感的增加就是你从包子上获得的边际效用，也就是说边际效用是一个前后对比的变化量。而消费包子的感觉由很好到一般再到很坏，说明在消费这些包子的过程当中，边际效用是递减的，开始是正数（感觉好），后来是负数（消费更多，感觉更坏）。

从吃包子的例子中，边际效用让我们看到了为什么会“朱门酒肉臭”，当然，一个伟大的经济学概念的作用绝不仅仅在于帮助人们对生活的理解。一个精明的投资商会衡量它的各种投资的收益，他会把新得到的资金不断投到收益率最高的那个项目上去，我们假设投资的边际收益

（也就是钱的边际效用）是下降的——在经济学理论中任何资源一多都会贬值的，事实也差不多就是如此——那么，最后的结果将是：他的每一个项目的边际收益都会相等，如果不是这样，他会从边际收益率低的项目撤资转而投向边际收益率高的项目。最后的边际效用要相等这一结论为我们检验一种组合（消费、投资）是否达到最优提供了新的标准。

我们每做出一个决策或进行一项活动，所多得到的就是边际收益，所需要多付出的就是边际成本。而衡量一件事情是不是值得继续投入，就是看看它的边际收益是否大于边际成本。比如企业投资广告和促销。投入1000万促销费用，就能因知名度的提高、影响力的扩大而获得1200万的收益，这时企业会加大投入，当继续投入达到一定程度的时候，企业发现再投入1000万，只能产生1000万的收益了，这时它就应该维持这个投入不变，因为这是它能获利的上限了，再加大投入是没有好处的。但如果现在有了新的竞争对手进入，对方实力非常强大，企业发现无论如何也竞争不过，再往里投资肯定亏损，这时就应该果断地退出这一市场，不要想着前面已经在这一市场上投入了多少而产生“前功尽弃”的念头，因为前面的投资是已经发生过的事实，对于决策者来讲重要的是现在的决定对以后会有什么影响——不要为打翻的牛奶而哭泣。

边际效用的概念为我们考虑问题提供了一个全新的思路：通过对微小变化的关注而对整个方向的发展做出判断，见微而知著。

饿时甜如蜜，饱时蜜不甜。

需求多少与效益成正比。

要大炮还是要黄油

陈 哲

这是西方国家一个古老的命题，说的就是机会成本，指由于选择一种方案而放弃另一方案的收益。又称择机代价或择一成本。这一词汇来自管理经济学，为的是和一般的会计成本（实际支付的货币成本）区别开来，反映一个决策一件事物在管理上的真正价值。比如你为了看一场电影而不得不放弃一场舞会，那么你看电影的机会成本就是一次舞会。

机会成本反映了不选择最佳方案或机会的“成本”。或者说是因选择某一经营项目所牺牲的另一机会可获得的利益。例如：在生产资源供应有限时，要生产一种产品，就不能生产另一产品的情况下，生产这种产品的机会成本，就是指放弃另一产品的收益。又如：某人决定开一家小型杂货店，开店需要投资购买商品和经营设施，需要花费时间和精力去经营。对这个人来说，开店的机会成本是他开店所需投资用于储蓄可得到的利息（或把所需投资用于其他用途可得到的收益），加上他不开店而从事其他工作可得到的工资。生产（经营）能力已经充分利用或接近充分利用的时候，或者当人力、物力、财力资源供应不足的时候，机会成本对正确决策有一定意义。

上面说的是机会成本的概念在经营管理上的应用，其实这一概念完全可以作为我们日常生活常识来理解。一个人生到世上来，至少拥有一种“天赋的”资源，那就是时间，每天24小时，每年365天，一生几十

年。就每一个人来说，时间资源对他总是有限的，多有多的有限，少有少的有限，因此在这有限的时间里所能干的事情就是有限的；读了书就不能看报，打牌时就无法打球；今晚要去官场上应酬，就无法到商场上去交易；要想做学问，就得多花工夫多读书，你就很少有时间去经商挣钱或开会升官。我们每时每刻的行动都是有机会成本的，所以不要浪费时间和把精力用在无谓的事情上。

有了以上的基础，就可以试着来解释一个奇怪的现象：统计结果表明，当工资率上升的时候，人们愿意花更多的时间来工作，但是当工资率上升到某一个程度以后，再往上升，人们工作的时间反而减少了。可以从机会成本的角度来解释这个现象。人们休息的机会成本就是工作收入，当工资率上升时，人们闲暇的机会成本上升了，所以大多数的人会选择多工作。但是当收入已经足够高了（这时工作的时间也已经比较长了），这时闲暇相对来说就比较有吸引力了，闲暇的机会成本即工作收入相对来说就低了，所以人们宁愿减少工作时间减少收入去享受他们认为难得的闲暇时光。无论是选择多工作还是选择多休息都是人们实现他们自己的效用最大化的选择。

机会成本给我们展示了一种看问题的眼光，不仅要看当前的实际的成本，还要看到背后隐藏的成本，这是经济学家的眼光。

乘公交车办事看似勤俭节约，
但往往放跑了商机，得不偿失。

尺有所短，寸有所长

陈　哲

比较优势是国际贸易中常用的理论之一，说的是国家与国家之间进行贸易的基础并不局限于生产技术上的绝对差别，只要各国之间存在着生产技术上的相对差别，就会出现生产成本和产品价格的相对差别，从而使各国在不同的产品上具有比较优势，使国际分工和国际贸易成为可能。

举个例子，假设美国为情人节种植1000万枝玫瑰。如果将种植这些玫瑰的资源用来生产计算机，则可以生产10万台，所以用计算机来衡量的话，美国生产1000万枝玫瑰的成本就是10万台计算机。同样，这1000万枝玫瑰也可以在南美种植，二月份在南美是夏季，生长气候更合适。另外相对于美国工人来说，南美工人在生产复杂产品如计算机时效率会更低一些。也就是说，在南美种植1000万枝玫瑰的成本换算成在南美生产计算机会更少一些，我们假设是3万台。虽然，由于美国的生产技术，可能无论是生产玫瑰还是计算机都会比南美的效率更高，但按照比较优势理论，在机会成本（生产某种物品的机会成本就是用这些资源生产另一种产品能得到的数量）上的差异给世界生产提供了一个互利的重新组合的可能性。让美国停止种植玫瑰，将这些资源用来生产计算机；而南美将原来生产计算机的资源用来种植玫瑰，这样，在生产上将会产生如下的变化：

	玫瑰（万枝）	计算机（万台）
美国	-1000	+10
南美	+1000	-3
合计	0	+7

可以看出，进行了新的生产组合以后，世界上种植的玫瑰还是和以前一样多，但现在生产出更多的计算机，这样就做大了整个世界经济的蛋糕。从这里，我们可以得出一个国际贸易的基本原理：如果每个国家都出口本国具有比较优势的商品，则两国间的贸易能使两国都受益，所以即使是先进国家和落后国家之间也能进行贸易。中国的出口以纺织品、陶瓷等为主也就是因为这些商品的生产比较耗费劳动力，而中国的劳动力资源丰富，这是中国的比较优势。区域经济的规划、地区之间的贸易来往也是类似的道理。

比较优势理论虽然产生于贸易领域，但在管理和个人发展上也可以获得启发。组织中的成员能力各不相同，有些人比另一些人在各个方面都要优秀，但对于人力资源的使用来讲，不可能都用出色的人，而应该考虑各人的比较优势在哪里，让能人把精力都用在最擅长的方面，其他人也是使用比较而言较擅长的方面（这里的比较是和他人比较而不是和自己的其他方面比较），这样就能最大限度地优化组织资源，获得最大产出。个人在发展自己的能力时，也应该结合自身条件和社会需要集中发展有比较优势的方面，并不需要一味都求强。

每个人、每个组织、每个国家都是不一样的，都有独特的地方，没必要羡慕和攀比，发现长处运用长处才是最重要的，古语云：天生我材必有用。

三人行，必有我师。择其善者而从之，
其不善者改之。

——孔子

理发师悖论

蒋丽梅

理发师悖论是英国哲学家、数学家伯纳德·罗素提出的一个著名悖论。内容大致是，在塞维利亚，有一位自命不凡的理发师。在他的理发馆门前立着一块招牌，上面写着理发师的告示：“村里所有不自己刮胡子的人的胡子都由我来刮，我也只给不自己刮胡子的人刮胡子。”有人问他：“你给不给自己理发？”理发师顿时无言以对。

如果理发师给自己刮胡子，他就属于自己刮胡子的那类人，但是，在他的告示中明确指出他是不给这类人刮脸的。因此他不能给自己刮。如果由其他人给理发师刮胡子，他就属于不自己刮胡子的那类人，但是，他的告示中说所有这类人的胡子都是由他来刮的。因此，除他以外的任何人都不能给他刮脸。看来，这位理发师也无法处理自己的胡子。

在我国国有银行的改革进程中，就存在着一个“理发师悖论”。当初国有银行业改革的推进者，很大程度上就是现在需要被改革的对象，因此“理发师悖论”再度浮现：谁来为理发师来理发？谁能企望国有银行体制的最大受益者去触动和推进可能弱化其权力和收益的改革？国有商业银行自身既是利益的调整者，又是利益的被调整者。理论上看，它具有逻辑上的不可操作性。

“星巴克不是一种趋势，而是一种生活方式”，这一直是美国星巴克咖啡的企业追求。《时代》杂志曾在一篇文章中将星巴克咖啡列入新经济

行列，“因为它不只是喝咖啡，更在于传播一种经验、文化，推广新的交流氛围”。星巴克深谙“咖啡厅文化是为满足顾客消磨时间的需要”。它认为在工作室、家居以外，还有一个“第三空间”，成为顾客的另一个“起居室”。在第三空间里，人们可以享受自己独处的时光，可以约上自己心爱的人共进温馨晚餐，也可以约上三五知己促膝谈心，更可以和平时商场上剑拔弩张的商务伙伴进行非商务的沟通……这一切需要一个适当的环境，这个环境必须具有安静、优雅、轻松、舒适的要素。顾客愿意在一个“稍微豪华点的空间”里消费自己的时间。

但是，星巴克正在走向困惑。以出售情感体验为己任的星巴克，随着知名度的提高，变得门庭若市起来，更像个快餐店。本来是为极少数人打发时间提供的优雅场所，却由于门口静静等候的长龙而使店面无法继续承担“第三空间”的职能。星巴克现在陷入了“理发师悖论”：它出售的是情感体验，而不是产品。本来希望让每个人拥有最充分的情感体验的同时，为自己赚取最大的价值；而今，却在众人趋之若鹜之时，不得不面对降低“情感给予”，减少获得价值的困惑。

塞维利亚的理发师最终陷入了尴尬而狼狈的局面，罗素也用这个小小的理发师引发了数学史上的第三次危机。

医师从业悖论：

要想行医必须拥有执业资格，

但要取得资质必须从业十年以上。

海恩法则

陈　哲

飞机涡轮发动机的发明者德国人帕布斯·海恩提出一个在航空界有关飞行安全的“海恩法则”：每一起严重事故的背后，必然有29次轻微事故、300起未遂先兆以及1000个事故隐患。我国民航总局为机务人员编发的实用读本《人为因素》中就写道：“历史已经证明，在所发生的事故

中，人为因素约占80%以上。”

海恩法则强调两点，一是事故的发生是量的积累的结果；二是再好的技术、再完善的规章，在实际操作层面，也无法取代人自身的素质和责任心。同样，去检查飞机发动机的涡轮扇叶，有的机械师走马观花，有的机械师却看出了扇叶上一道细小的裂纹。

在现实生活中，海恩法则几乎适用于事关安全的所有领域。我国煤矿事故频繁，事后的调查结果简直就是同一个版本：矿主只顾敛钱，不顾人命，使安全隐患长期积累，最终酿成特大事故。交通事故更直接体现了人的因素，闯红灯、酒后驾车、超速行驶等，这些本来都是可以消除的。

在树底下烧火做饭，
总有一天会点燃整个森林。

日清日毕

陈 哲

日清日毕是“日事日毕，日清日高”的简称，意思是每天的工作每天完成，而且每天的工作质量都有一点儿的提高。这是海尔集团OEC管理模式的精髓，也是这个企业在短短16年内从年销售额348万元的小厂发展到年销售额406亿元的大型家电集团的秘密所在。

日清日毕的思想看似简单，却融合了许多的管理思想。首先，每天的事都要每天完成，这是因为企业是在一个链条当中运作的，某个环节的延误必然会在目前或今后产生效果，并且由于是连锁反应，最终的后果往往不能简单地归结为哪一次哪一个人的行为，法不责众，遭受的损失就会不了了之。规定日事日毕就等于把大船的船体分割成了多个水密舱，一处受损不至于殃及其余。对于个人来讲也是一样，比如一个中层管理者，每天都会接到来自高层的工作指令，来自其他部门的协作要求，以及来自下属的工作请示等，事情很多。在这种情况下，做到“日清日毕”就很有必要。规定当日完成或在一定时间完成的工作尽量要按时完成，拖拉的结果必然影响今后的工作计划。长此以往，一事压一事，稻草都会堆成山，恶性循环，总有事情做不完，总有事情打断手头的工作，工作效率必然大受影响。

另外，每天的工作质量和任务都要有一点儿提高。这中间包含了管理大师彼得·德鲁克的目标管理思想。在管理中比较聪明的办法是把一

个大的目标分解成一年一月甚至一天的小目标，实现了每一天的小目标，大的目标自然就实现了。每天一丁点的进步既是脚踏实地，又能构建起宏伟的梦想。但为什么大家会愿意每天都提高质量呢？海尔给出的激励制度让每个人都能劳有所得，干了不白干；考核反馈制度又能让每个人都知道今天到底做得怎么样，让他自己心里有数，这就是最好的精神激励法。

许多去海尔取经的企业抱怨日清日毕没有效果，并不好用。的确，如果他们知道了日清日毕背后还有这么多用以支持的思想和制度，就应该明白日清日毕是要经历一个由简到繁再化繁为简的过程，简单并不等于容易。

其实，成功者都有相同之处的，沃尔玛的创始人山姆 · 沃尔顿有一条日落原则，就是要求所有员工对当天所接收到的信息尽力在日落之前迅速做出回应，无论它来自顾客或供应商还是其他员工，无论它是当面的要求还是简单的一个电话。日落原则是沃尔玛文化的重要组成部分，它反映了创始人山姆尊重个人、为顾客服务和追求卓越的基本信条。

日清日毕说明了一个简单的道理：企业的优秀和卓越不是来源于多么激昂的豪言壮语，而是源自日常的点点滴滴和踏踏实实地做好每一个细节，只争朝夕，日积月累，成功就变成了一种习惯、一个必然。

明日歌（明·文嘉）

明日复明日，明日何其多；

我生待明日，万事成蹉跎。

今日歌（明·文嘉）

今日复今日，今日何其少！今日又不为，此事何时了。

人生百年几今日，今日不为真可惜！若言姑待明朝至，

明朝又有明朝事。为君聊赋今日诗，努力请从今日始！

“斑马经济”与“小狗经济”

蒋丽梅

经济学家钟朋荣教授在其新著《中国企业为谁而办》中形象地把分工型中小企业比喻成“小狗经济”，把竞争力不强的大企业称为“斑马经济”。他采用了一个我们在中央电视台《动物世界》节目中经常可以看到的场面来解释：在优胜劣汰的旷野上，三只小狗攻击一匹大斑马，第一只小狗咬住斑马的鼻子，第二只小狗咬住斑马的屁股，第三只小狗则咬斑马的腿，咬了很久，斑马终于倒下了。三条小狗吃掉一匹大斑马，其秘诀在于8个字：分工明确，合作紧密。

浙江经济的突出特色就是“小狗经济”。比如浙江省台州市有上千家摩托车零部件生产企业，它们基本上都是家族式的企业或家庭工厂。分工非常细致，一个企业或一个家庭甚至只生产一个螺丝钉，张家生产A部件，李家生产B螺丝，但是千家万户联合起来，整个台州市就成了一个特大型的摩托车生产集团。这个“集团”的效率非常高，成本比内地许多大型摩托车集团要低30%。

内地的大型企业集团，由总部对各分厂、各车间进行统一管理，要建立庞大的管理体系，管理成本上升到什么程度，资源潜力就浪费到什么程度。这种经济形式被称为“斑马经济”。浙江“小狗经济”的每个家庭、每个小企业都有一个原动力，内地大企业集团只有一个原动力，结果，“小狗经济”的原动力就是“斑马经济”原动力的一百倍或一千倍。

如果台州只有一个大型摩托车企业，所有的零部件都在这个企业生产，除了一个老板之外，台州所有的人都给这个老板打工，都听从这个老板的管理。结果只有一架原动力装置，只有一个人特别操心，对其他人来说，天塌下来有老板一个顶着，关我什么事。而“小狗经济”的特点是，生产摩托车的老板有一千个，即有一千架原动力装置，每时每刻都有一千个人特别操心。这就是“小狗经济”充满活力的原因。当然，“小狗经济”也有其缺陷，由于企业的规模普遍不大，难以创立自己的品牌，难以建立自己的市场网络。这些“小狗”需要在残酷的市场竞争中自己成长起来，由“小狗”变成“大狗”，再变成“老虎”。

“小狗经济”与“斑马经济”的本质区别是，用市场交易关系替代企业内部管理关系；产品的零部件由内配转化为外配，由垄断性配套转化为竞争性配套。“小狗经济”的活力远远大于“斑马经济”，将来在越来越多的行业中，“小狗经济”将会打败“斑马经济”。当然，并不是所有地区都能发展“小狗经济”，但凡能够让“小狗”进入的行业，如果仍然在那里大规模投资，把建设大集团作为奋斗目标，这样的企业将逃脱不了被“小狗”吞食的命运，这样的地区经济也肯定不会得到真正的发展。

“小狗”与“斑马”的故事告诉我们，要做永远的适者，而不做一时的强者。当力量还不够强大的时候，不宜争一时之强。同时，要真心面向顾客，确保一流产品品质，而不是时刻想打倒对手。

经历并不代表能力，能力只属于那些勤于开拓、悉心思考的企业家。

“酸柠檬”怎么吃

蒋丽梅

柠檬属于柑橘类水果，柠檬果实椭圆形，果皮呈黄色，果实汁多肉脆，闻之芳香扑鼻，食之味酸微苦，一般不能像其他水果一样生吃鲜食。柠檬二三月份成熟，味道极酸，故孕妇肝虚者嗜食，又有“宜母子”或“宜母果”的美誉。我国中医认为，柠檬性温、味苦、无毒，具有止渴生津、祛暑安胎、疏滞、健胃、止痛等功能。

卡耐基先生有一次去访问芝加哥大学校长，他请教校长要怎么处理忧虑才会有效，校长回答说，我一直遵行西尔斯百货公司的总裁罗森华的建议——你手上如果有一个酸柠檬，就做杯可口的柠檬汁吧!但是一般人却刚好反其道而行。如果某人发现命运送给他的是一个柠檬，他会立即放弃，并对自己说：“我完了!我的命运太坏了！完全没有希望了!”于是他开始与世界作对，并且沉迷于自怜。如果拿到柠檬的是聪明人，他会问自己：“我可以从这次不幸中学到什么?我在这次经验中发挥了哪些优点?怎么样才能改善我目前的处境?如何才能把柠檬做成柠檬汁呢?”

关于狐狸，大家都知道一个“酸葡萄”的故事。其实狐狸还有一个“甜柠檬”的典故。当狐狸吃不到甜葡萄，只好吃酸柠檬，却硬说柠檬是甜的。这种美化得到的东西，也叫“甜柠檬心理”。这看起来有点“可笑”，实际上却是一种有效的心理防卫方式。可以帮助自己松动一下既定的可望而不可即的追求目标，使自己失望、不满的情绪得到平衡和缓

解，把自己锻炼得更加成熟和坚强。逆境给人的受挫感固然会增添心灵上的痛苦，但也可能把人锻炼得更加成熟和坚强。因此，掌握一套对付心理挫折的防卫方式，有助于恢复心理平衡。

从前有一位美国农夫在努力工作许多年后，终于有钱买一块价格便宜的田地。可是他买地之后，心情就十分低落。这块土地贫瘠得不适合种植任何农作物。除了一些矮灌木响尾蛇，什么东西都无法活在这片土地上。

后来他想到一个主意，能把这个负担变为资产，挫折变为机会。他不顾大家诧异的眼光，开始捕捉地上的响尾蛇，又买了机器来生产响尾蛇肉的罐头。几年以后，他的农庄变成当地很有名的观光景点，每年平均有两万名观光客前来参观。

这位农夫的生意越做越大，他把响尾蛇的毒液送往美国的实验室制作血清，蛇皮以高价售出生产女用鞋与皮包，然后把蛇肉装罐卖到世界各地。甚至村里邮局盖的邮戳都写着“佛罗里达州响尾蛇村”，表示以这位反败为胜的农夫为荣。

北欧有一句话“冰冷的北极风造就了强盛的维京人”，卡耐基先生也多次说过：“真正的快乐不见得是从享乐中得到，它多半是一种对困难的征服。”我们的快乐还会来自一种战胜失败的成就感，一种超越挫折的胜利，一次将命运的酸柠檬榨成可口柠檬汁的经验。

学会将酸柠檬变为柠檬汁，用乐观的态度来面对挫折，你才能找到通往快乐王国的钥匙。顾影自怜，即使舒服地躺在温暖的沙发上，恐怕也不能找到所追寻的快乐。

干旱的沙漠中有半瓶水，悲观的人说一半是空的，乐观的人说一半是满的。

奥卡姆剃刀

蒋丽梅

12世纪，英国萨里郡奥卡姆的威廉（William Ockham）写下一句被称为“奥卡姆剃刀”（Ockham´s Razor）的简短格言——“如无必要，切勿增加实体”。他承认那些确实存在的东西，同时也认为那些空洞无物的普遍性概念都是些无用的累赘，应当被无情地“剃除”，这一思想后来也被世人称作“经济思维原则”。这把剃刀曾使很多人感到威胁，被认为是异端邪说，威廉本人也因此受到了迫害。然而这些都并未磨损剃刀的锋利，相反，经过了数百年的岁月，剃刀的刀刃已被历史磨得更加明亮，并早已超越原来狭窄的哲学领域，而具有更为广泛、丰富和深刻的意义。

奥卡姆剃刀的另一种表述是：在多种可能性中，我们应当选择最为简单的那种。在没有证据时，应该首先接受、试验最简单的一种可能。奥卡姆剃刀定律在企业管理中可进一步演化为简单与复杂定律：把事情变复杂很简单，把事情变简单很复杂。我们在处理事情时，要把握它的主要实质，把握主流，解决最根本的问题，尤其要顺应自然，避免把事情人为地复杂化，才能把事情处理好。

美国最大的证券网站etrade.com曾成功运用了一次这把剃刀，它推出了一次惊世骇俗的品牌推广活动——“踢开你的经纪人”，实在的承诺，切中肯綮的直白，一出手便引起了巨大的反响。在许多知名网站的品牌推广行为中，也总能发现一些奥卡姆剃刀的影子，阿里巴巴上网做

生意的剃刀是“做生意”；中国制造网在帮你免费找外商中的剃刀是“找外商”；中国先生网的是男人就上的剃刀是“男人”；三九健康网推广数码健康从眼睛开始主题时，拿出的一把剃刀有点耸人听闻——“抢救眼球行动”。在互联网的催化下，奥卡姆剃刀已经成为一种新式武器，它的作用力不仅体现在提高页面的访问量(pageview)上，它在制造黏性(stickness)上面也居功至伟。

美国网上杂货店Drugstore.com向消费者传达了这样的信息：它可以为顾客献上宝贵的礼物——时间，并推出一则很有意思的广告。广告中，身穿白色制服的服务小队成员有的像圣诞老人一样从壁炉中钻出，有的像《碟中谍》中的汤姆·克鲁斯一样从天而降，目的都是为了给顾客及时递送日常用品。这类广告不仅承诺到位，故事精彩，而且为了突出“时间”这个主题，剃掉了一切无用的废话，造成视觉和感性的最强冲击波。剃刀挥处，无形无声，有如小李飞刀般“例无虚发”而又“刀刀致命”，某种意义上又有些“独孤九剑”的意味。

奥卡姆剃刀的精髓就是“目标明确，简单务实”，用洒脱魄力和开朗胸怀，“挥一挥衣袖，作别繁复的云彩”。今天你的剃刀又去了哪里？

为做一顿饭，有的人放着现成的火柴不用，
却费力去研究制造一只打火机。

叫板理论

陈 哲

2004年度的诺贝尔经济学奖颁给了美国经济学家爱德华·普雷斯科特和挪威经济学家费恩·基德兰德。原因是他们提出了两个具有重大意义的“叫板（批评）理论”。

首先是叫板政府。多年来，人们一直认为经济出现衰退就是市场失灵了，这时需要政府干预调节，而这两位学者的观点正好相反，他们认

为经济出现了问题，就像自然灾害一样是自然反应，不需要政府干预。他们的理论说，即便政府制定出最优的经济调节政策也有可能被瞬息万变的市场变量冲淡，最终只能放弃。举例说，有人以捕鱼为生，台风来袭，他无法捕鱼，意味着失业。但在刮台风的日子里，他在家结网——做资本性投资……从表面看，在风灾日子里，他的GDP持续下降，但他（市场）这样做是对“外来震荡”最恰当的回应。

其次是叫板凯恩斯。多年来，凯恩斯的“需求的大小决定经济发展、繁荣、衰退”的理论被不少经济学家奉为圭臬。但这两位学者认为，决定经济周期的重要因素是技术革新。他们认为，一个小小的技术进步都有可能产生“蝴蝶效应”，直至引起整个宏观经济的波动。美国在过去十余年的繁荣正是得益于计算机与生物技术等的突飞猛进。

不过，我国经济学界认为，两位学者的理论，一般只适用于市场经济高度成熟的国家。

想做一件事情，勇气比技巧更重要。

勇，然后生智。

莱斯托夫效应

陈 哲

王家卫的电影《东邪西毒》有句经典的台词“人的烦恼太多，是因为记性太好……”不错，记忆太好的烦恼便是许多痛苦的事情忘不了。可惜现实中我们关于记忆烦恼得更多的是很多事情忘得太快。于是想忘的事忘不掉，想记的事记不住，最后连自己记性是好是坏也分不清楚了。

不过研究却发现，人的易于记住或忘记某事件，是跟事件本身有关的。譬如，一般来说，熟练的动作遗忘得最慢。贝尔（Bell）发现，一项技能在一年后只遗忘了29%，而且稍加练习即能恢复。同时，有意义的材料较无意义的材料，形象和突出的材料较平淡、缺乏形象性的材料遗忘得慢。实际上，在心理学上有一个关于记忆的著名效应，叫莱斯托夫效应。所谓莱斯托夫效应，就是指在一系列类似或具有同质性的学习项目中，最具有独特性的项目最易获得保持和被记忆住。简单地说，就是特殊事物才易被人牢记。莱斯托夫效应，实际上从一个侧面反映了学习材料的独特性对记忆和遗忘的影响。它的提出者是苏联心理学家莱斯托夫。

莱斯托夫效应是个很有意思的效应，并且在生活、学习、营销等方面得到了很广泛的应用。譬如说在生活中，俊男美女或长相奇特之人总是更容易让人记住相貌；而名字奇特之人也总是更容易让人记住。而在学习中，莱斯托夫效应的运用常能收到很好的效果。譬如，学生接触世界地理，要记住所有陌生国家的形状、位置等特征几乎是不可能的，但

对那些具有显著特征的国家，却往往有深刻的印象。如意大利的形状像一只高筒皮靴和足球，法国近似六边形，智利像条长带，伊朗像顶草帽等，这些特征一经识记，就会令人难忘。而现在莱斯托夫效应在营销和广告中的应用也是越来越多，越来越高明。

对于广告主来说，要使广告内容被消费者记住，并长期保持，广告主题、情境、图像等应当具有独特性或显著性，否则，广告内容可能很快就被遗忘。广告中经常运用对比、新异性、新奇性、色彩变化、特殊规模等表现手法，目的就是为了突出宣传材料的显著性。而莱斯托夫效应在营销中应用的一个重要方面就在品牌延伸上。譬如青岛海尔电器集团的重要产品“海尔”牌的电冰箱是全国乃至全世界的著名产品，产销量居全国第一，海尔集团利用“海尔”品牌的知名度和影响力，进行品牌延伸，相继推出海尔空调、电视机、电脑、手机，使海尔集团的销售额和利税迅速增长。当然，在品牌延伸上也有因为有悖于莱斯托夫效应而遭受损失的。比如一向以质优价高著称、象征身份和体面的美国“派克”钢笔，采取品牌延伸策略时，将“派克”品牌用于每支售价3美元的低档笔后，使“派克”在消费者心目中的高贵形象一落千丈，致使派克公司非但没有打入低档笔市场，在高档笔市场同样大为失利。

当外国公司都在想方设法本土化时，
我们的产品却要起个洋文名，这实际上是一种
殖民地心态。

纳什均衡

陈　哲

纳什均衡是整个博弈论中最基础最重要的概念之一，在囚徒困境、零和博弈、海盗分金等例子中都会见到它的身影。

纳什均衡是由美国数学家小约翰·福布斯·纳什在他的博士论文《非合作型博弈》中提出的。但这位22岁的普林斯顿大学的博士却在而立之年不幸患上了幻想型的精神分裂症，从此他在虚幻和现实之间痛苦地度过了三十余年。然而上帝终究是眷顾天才的，在他步入花甲之年时，终于走出了疾病的阴霾，并于1994年以他二十多岁时的成就获得了诺贝尔经济学奖。

纳什均衡是用来描述博弈双方或多方在博弈结束时所达成的稳定状态的术语。纳什均衡是这样一种状态：每个人都愿意处在这一状态，表明这是自愿而不是强制性的；当其他人都不改变状态的时候，没有人会改变，也就是说改变只会使自己的状况更差。

举个例子。在2050年的某个猪圈里喂有一大一小两头聪明的猪，它们只要到猪圈的另一头去按一下按钮就会得到10斤的猪食，但走动会消耗掉2斤的力气，而且去按按钮的猪会因为晚到食槽而得到的少些。考虑到大小猪的竞争力不同，它们最终所得（框内的数字前者表大猪后者表小猪）也不完全一样：

		小猪	
		按	不按
大猪	按	5,1	4,4
	不按	9,-1	0,0

由于这是两头聪明的猪，它们明白自己的所得也算得出另一头的所得，并且会选择对自己有利的结果。于是，戏剧性的结果发生了：不管大猪怎么行动，小猪不按总是最好的选择（4>1,0>-1），所以小猪只想坐享其成；而大猪也算到小猪不会动，所以每次只好它自己去按了，动一动总比饿死好（0,0）。这是两头猪的自我选择，是游戏规则的自然结果，没有人为的强制，而且这也是一个非常稳定的结果，没有哪头猪会去改变。

猪犹如此，人之更甚。村里住着两户人家，一穷一富，有条进村的路年久失修。这时候，一般富户会担负起修路的责任，因为富户家往往是高朋满座，坐车坐轿的都来，而穷户家只是自己穿着破鞋走路，路修好了走起来舒服，修不好也无所谓。股市里往往是小股东会跟着大股东走，因为小股东知道大股东的投入大，他必须要去搜集更多的信息，而自己在后面跟着就行了，反而更省事；虽然因庄家炒作引发小股东盲目跟进而被骗的事频频发生，但这种“羊群效应”并没有因此而减少，这些都是纳什均衡的表现，是游戏规则内含的自然法则，没有人可以违背！

纳什均衡看起来简单，背后却隐含了经济学、哲学、逻辑和人性的深刻道理。而我们也应该学会用纳什均衡的眼光来看待许多问题，如投资、消费和雇佣关系分析，生产、库存和维修关系分析，标价、拍卖和谈判策略制定，自然资源和污染关系分析，委托与代理关系分析等。同时，政策的制定者也要随时记住：好的规则在于因势利导，而不是堵和卡！

职场中，你把他咬下来，你也上不去；
但你托他一把，他也会伸出拉你的手。

汤浅现象

陈　哲

当历史跨入21世纪，有历史眼光的科技史学家可能会做出世界科技中心转移的预言，把目光从美国西海岸再往西投射，越过广袤的太平洋去关注东方的那块大陆。日本学者汤浅光朝经过长期研究，曾得出一个被称为“汤浅现象”的结论，那就是：在某一时期，人类的科学活动总是在某一地区形成中心，但不会永远停留在某个国家，随着科学的外部条件和内在因素的变化，这个中心将不断转移，转移的周期大约为60～80年。汤浅指出：科技活动中心的衡量标志是科学研究成果的多寡和科技人才的数量和水平。他用确凿的史实证明，近、现代世界共出现过五大科技中心，而这五大科技中心的转移顺序大致为：意大利（公元1540—1610年），英国(1660—1730年)，法国(1770—1830年)，德国(1810—1920年)，美国（1920至今）。

汤浅通过分析认为，2000年后，美国将逐步退出世界科学舞台中心，而世界科学中心将可能再次由东向西，转移到东方的日本或中国。但是无疑，世界科技中心最有可能转移到中国。想我中华民族有五千多年的文明史，历史上人才辈出。在古代，多少中国先进科技通过各种途径流入世界各国，对世界的科技发展起了巨大的推动作用，令每个中国人引以为豪的中国古代“四大发明”便是其中很好的例子。而中国人的聪明是世界公认的，现在依然有“犹太人的钱袋，中国人的脑袋”一说。

然而“四大发明”后的千百年时间里，中国因为受到科举制度等各方面影响，对科学技术重视不够，以至于科技止步不前。到鸦片战争时，竟然让英国船队靠中国最先发明的指南针的指引，使用中国最先发明的火药制成的炮弹炸开了中国闭关锁国的大门，接下来便开启了中国近代以来一百多年的屈辱史。

但是老话说，三十年河东，三十年河西。中华民族的辉煌不可能永远逝去，中国不可能老是落后，总是挨打。现在中国这只“东方睡狮”已经觉醒，中国在世界上正逐渐地崛起。现在，中国比以往任何时候都重视科技，把“科教兴国”作为我们的国策，而我们看到科技人才在中国受到了前所未有的重视，也有越来越多的人才，包括学成归来的赴海外留学人员和归国华侨，在中国从事着科技工作。而中国持续而稳定的经济增长，日益健全的市场经济体制，也为科技的发展提供了良好的基础和保障。我们现在就正在看到中国的科技是如何飞速地发展着。

不要为打翻的牛奶哭泣。

麦吉尔定理

陈　哲

在现代社会，当回上帝似乎不再是遥不可及的梦想。至少你花钱买东西时服务员是把你当成上帝的。毕竟各大公司喊的“顾客就是上帝”的口号，以及服务员毕恭毕敬的态度和周到的服务很难不让我们在大把花钱时不以上帝自居。当然服务员心里未必真把顾客当上帝，毕竟上帝在世人印象中是无比仁慈宽容的主，而凭钞票的光彩幻化为上帝的顾客有好有坏，或讲理或不讲理，或容易满足或难以伺候。吹毛求疵、无理取闹的顾客相信大多数服务员都遇到过。于是如何使每个顾客都能满意自己所提供的服务成为每个从事服务性工作的员工和管理人员最为关心的事情。

可惜营销学中有一条很重要的定理，打破了所有从事服务性工作的员工和管理人员的梦想。这就是著名的麦吉尔定理：每一个顾客都用他自己的方式看待服务。麦吉尔定理的提出者为美国罗思莱尔德风险公司前总经理A.麦吉尔。麦吉尔通过自己的经验和观察分析总结出的这条看似简单、实则精辟深刻的定理，正如“有一千只舌头，就有一千种口味”，一千个顾客对某一服务也会有一千种看法。

在这方面，有个父子骑驴的故事，可以给我们一些启发。说是老父与幼子从集市上买了一头小驴回家，先是幼子骑驴而老父步行，便有老年人权益协会会员指责幼子不孝；于是换成老父骑驴而幼子步行，但

又有未成年人保障协会会员指责老父不疼惜幼子；于是父子同骑小驴回家，又有保护动物协会会员指责他们虐待动物，于是父子只好抬着驴回家，居然还是遭来智者协会会员的不满。

当然，上面的老父和幼子并不服务于路人，但是说的理是相通的。既然每一个顾客以自己的方式看待服务，那么提供统一服务给不同顾客，便可能有顾客满意，有顾客不满意。但是却不能因此而不重视服务，因为任何一个产品想在21世纪把品牌做长久的话，服务已成为营销过程中不可缺少的一环，并且已成为一种趋势。家电业的海尔——用“真诚到永远”的服务理念，满足了顾客的需求，销售连年增长，品牌知名度不断提高。几乎所有取得优良业绩的企业，都把顾客作为公司最大的财富，视他们为衣食父母，因而取得了发展。

那么，怎么才能让各种都顾客对服务最大限度地满意呢?首先，可以把顾客细分，针对不同的顾客群提供相应的服务；其次，多为顾客着想；最后就是自己要有耐心和韧性。

当然，服务是一门艺术，不同的人有不同的服务技巧。但是只要做到以上几点，还是能使大部分顾客满意你的服务的。

一千个观众眼中有一千个哈姆雷特。

——莎士比亚

光环效应
（晕轮效应）

蒋丽梅

所谓“光环效应”，是人们常有的以点概面、以偏概全的评价倾向。如果认为某人具有某个突出优点，这个人就被积极肯定的光环所笼罩，并被赋予更多好感；如果认为某人具有某个突出缺点，这个人就被消极否定的光环所笼罩，甚至认为他其他方面都不好。这种光环犹如大风前的月晕逐步扩散，形成一个更大的光环，所以这种效应也被称为“晕轮效应”。由于光环效应的作用，一个人的优点或缺点一旦变为光圈被夸大，其缺点或优点也就退隐到光圈背后视而不见了。严重者甚至可以达到“爱屋及乌”的程度，只要认为某个人不错，就赋予其一切好的品质，便认为他所使用过的东西、跟他要好的朋友、他的家人都很不错。就好像“情人眼里出西施”，热恋中的情人是很难找到对方的缺点的。

美国心理学家凯利曾做过一个心理实验：让一位演讲者在某大学两个班级分别做了内容相同的演讲。演讲结束后，甲班学生与其亲密攀谈，而乙班学生对其则冷淡回避。同一个人作同样的演讲，为何效果会如此不同？原来演讲前凯利曾对甲班学生说，演讲者是如何热情可亲，而对乙班学生则说，演讲者是如何不易接近。结果学生们戴着有色眼镜去观察演讲者，演讲者被罩上了不同色彩的光环，学生们看到的都是他们期望看到的。这就是“光环效应”的表现。

名人效应也是一种典型的光环效应。拍广告片的为什么多数是那些

有名的歌星、影星，而很少见那些名不见经传的小人物呢？为什么明星推出的商品更容易得到大家的认同呢？这就是光环效应的作用。虽说歌星、影星与广告中的商品质量并无太直接的关系，但是，由于光环效应的作用，明星做过广告的商品很显然会比由那些名不见经传的小人物拍广告片的商品更容易得到人们的认同。一个作家一旦出名，以前压箱底的稿件就全然不愁发表的路子，所有著作也就不愁销售了。一般说来，外貌的魅力很容易导致光环效应。

传说杨贵妃死后，一位老太太拾到了杨贵妃的一只鞋子，她把这只鞋子拿到市场上展示，并索要1000文钱以便让参观者闻一下，愿意出钱的人竟然络绎不绝，这恐怕应该算是光环效应发挥作用的极致了。

许多知名品牌都大量运用了“产品 + 明星”的模式，以明星的光环效应迅速实现了品牌知名度和市场占有率的提升。利用明星、名牌的光环效应可以在短时间内扩大产品的知名度，增加销量。而在该产品影响力不断扩大的过程中又可以提升其他明星、名牌的知名度。恰到好处地利用“光环效应”，可以实现双方的共赢。

君子善假于物也。

热炉法则

陈　哲

热炉法则是一个比喻，说的是惩处的原则应该像烧红的炉子那样：

（1）热炉火红，不用手去摸也知道炉子是热的，是会灼伤人的——警告性原则。领导者要经常对下属进行规章制度教育，以警告或劝诫其不要触犯规章制度，否则会受到惩处。

（2）每当你碰到热炉，肯定会被灼伤——必惩原则。也就是说只要触犯单位的规章制度，就一定会受到惩处。

（3）当你碰到热炉时，立即就被灼伤——即时性原则。惩处必须在错误行为发生后立即进行，决不拖泥带水，决不能有时间差，以便达到及时改正错误行为的目的。

（4）不管谁碰到热炉，都会被灼伤——公平性原则。如果一个惩处制度能达到这样的水准就是有效的、优秀的。

有一个故事说的是一个中国留学生在日本的餐馆洗盘子。日本的餐饮业有一个不成文的行规，即餐馆的盘子必须用水洗七遍，洗盘子是按件付酬的。这位留学生计上心头，洗盘子时少洗两遍。果然，劳动生产率得到大大的提高，工钱自然也迅速地增加了。不过这位留学生投机取巧的不守信行为很快在老板的一次抽查中暴露了。在这位留学生看来，少洗两遍盘子无所谓，这样的事如果在国内的确只是小事一桩，但在日本不这样看。接下来发生的事则有助于我们理解在日本诚信体系是如何维护的。首先，

他失去了朋友。得知他的行为后，和他一起工作的日本学生与他渐渐疏远了。其次，他失去了工作。老板因其不诚实而解雇了他，其他餐馆对这个“盘子只洗五遍的中国留学生”也都关起了大门。第三，他失去了住房。他租房的房东要求他退房，原因是他的“名声”对其他留学生住户的工作产生了不良影响。第四，他失去了学校。他就读的学校以他影响了学校的生源为由，希望他能转到其他学校去。万般无奈之下，他只好收拾行李搬到了另一座城市，一切重新开始。他痛心疾首地告诫准备到日本留学的中国学生：“在日本洗盘子，一定要洗七遍!”

我国当前的诚信体系和法制的建设中，存在的最大问题就是当一个人出现犯规行为后，不能受到及时的惩罚，或者受到惩罚所付出的成本要远远低于其所得。例如对一个人生产假冒伪劣产品以获取暴利，普遍的做法就是罚款了事，而且罚款数额不过其九牛之一毛，在社会舆论上人们也多对他的财富充满了敬意，而很少谴责他获取财富手段的不正义性。这样，失信行为对他来讲既没有经济上的损失，也没有名誉上的损害，何乐而不为呢？现行的制度设计不仅不会使失信者收敛其失信行为，而且他还将成为一个样板，向社会扩散这种“失信无损失”的不良信息，导致更多人无所顾忌地不诚实不守信——类似“劣币驱逐良币”的机制。

所以，在法制和诚信体系的建设上，当务之急就在于建立起一套严厉的惩戒制度。很显然，教育人们要诚实守信的劝善式的方法，只能对少数有良知的人有效，而要使所有人养成诚信的美德，至少是遵守诚信的行为规则，必须依靠严格的制度约束，使之成为一块很热的铁，没有人想摸、敢摸，只有建立起这样一种机制，才能真正建立一个诚信守法的社会。

你欠十元钱赖着不还，你的信誉也就值十元钱了。

钱是信誉及人性的标尺。

——生活有感

淡化效应

蒋丽梅

淡化（dilution）的英文原意为“稀释”，淡化效应指的就是问题、情感等逐渐冷淡下来，变得不被重视或无关紧要。在著名商标或者知名品牌上，淡化效应一般出现的概率更高一些。

淡化行为将与驰名商标相同或相似的标记使用在不相同、不相似的商品或服务上，是意图利用驰名商标的商业信誉推销其延伸商品，这样做的结果是使该驰名商标与它原来所标志的商品或服务之间的联系减弱，驰名商标的特殊吸引力与识别作用发生弱化，其所承载的商誉受到损失。在品牌的延伸案例中，我们经常可以发现“淡化效应”的现象。

比如，“金利来”一直是以男性为主要顾客群体。“金利来，男人的世界”这句耳熟能详的广告语把品牌定位表达得简洁明了。然而，当精巧的“金利来”女用皮包上市后，却模糊了品牌的定位，它削弱了品牌原有的特点，也没有赢得女士们欢心。这就是品牌延伸不当所带来的品牌淡化效应。还有一个典型例子是“皮尔·卡丹”。皮尔·卡丹是法国著名时装设计师，他设计的时装作品别具一格且价格昂贵，一度成为上流社会人物身份和体面的象征，其品牌与“香奈尔（Chanel）”香水、“路易·威登（Louis Vuitton）”皮包齐名。然而后来为了吸引更多的消费者，皮尔·卡丹品牌延伸到日常生活用品上，从家具到灯具，从钢笔到拖鞋，甚至包括廉价的厨巾。结果“皮尔·卡丹”在大多数市场上丧失

了高档名牌的形象，也丢掉了追求品牌独特品位的忠诚顾客。众多日常生活用品的廉价形象逐渐淡化了人们心中的“皮尔·卡丹”的尊贵印象。

宝洁公司在推出它旗下的许多产品时，往往会给它打上宝洁的印记，如“潘婷——宝洁公司优质产品”，以加强产品的权威感，提高消费者的信任度。而宝洁的对手欧莱雅集团一共拥有500多个品牌，其中有17个是国际知名的大品牌，占据着欧莱雅集团销售总额的94%。欧莱雅在华目前一共拥有12个品牌，但是欧莱雅在总体上淡化了总品牌，选择了一条以“价格、档次”为区分的多品牌战略。

化妆品是一个以情感性利益和自我表现性利益为产品主要诉求的行业，品牌与品牌之间的最大区别不是功能，而是品牌所代表的不同的身份、不同的品位、不同的生活方式、不同的审美风格。对于一部分高端消费者来说，在大卖场选购化妆品，或把大众梳妆品摆在她们的梳妆台，是不可想象的。所以，对于兰蔻、赫莲娜等奢侈品牌来说，以“欧莱雅”这个中档品牌来背书是不现实的。这样的策略也同样存在于宝洁的SK-II。SK-II 作为宝洁公司化妆品的旗帜，并没有被大张旗鼓地宣扬，而是以一种更独立的姿态独立于宝洁公司旗下各个品牌。通过这样明确的区位品牌战略，他们不仅保护了自己的品牌，而且也有效地防止了“淡化效应”的出现。

对不应渲染的轻描淡写，对应该渲染的大肆宣扬，在出神入化间巧妙地将“淡化效应”运用得不着痕迹，正是优秀品牌的制胜法宝。

比尔·盖茨最聪明的地方不是他做了什么，

而是他没做什么。

登门槛效应

蒋丽梅

在个体先接受了一个小的要求后，为保持形象的一致，他更可能接受一项重大、更不合意的要求，就好比登门槛，只要对方乐意稍稍打开一条门缝，让你登了门槛，你就有可能进入室内。这叫作“登门槛”效应（the“foot-in-the-door”effect），又称得寸进尺效应。

社会心理学家弗里德曼和弗雷泽（J.L.Freedman & S. C.Fraser）1966年做了一个以实验方法验证“登门槛效应”的经典性研究。研究的第一步，是先到各家各户向家庭主妇被试者提出一个小小的要求，请她们支持“安全委员会”的工作，在一份呼吁安全驾驶的请愿书上签名。研究的第二步，两周以后，由原来那两个大学生主试者重新找到这些主妇，问能否在她们的前院竖一块不太美观的大告示牌，上写“谨慎驾驶”。结果表明，先前在请愿书上签过名的大部分（55%以上）都同意竖告示牌，而没有签过名的同样情况的主妇，只有不足17%的人接受了这一要求。后来的许多研究都证明了“登门槛效应”的存在。

这种效应在日常生活中也存在，当顾客选购服装时，精明的售货员为打消顾客的顾虑，“慷慨”地让顾客试一试，当顾客将衣服穿在身上时，她称赞该衣服很合适，并周到地为你服务，在这种情况下，当她劝你买下时，很多顾客难以拒绝。

有人把“登门槛效应”反其道而行之，为了达到小目的，先提出一

个令人难以接受的要求。比如，你想找朋友借钱，如果你这样问："嗨，老朋友，借100块花花吧?"得到的回答很可能是："借钱干什么，我还缺钱呢!"可是，如果你说："老同学，我最近手头很紧，借1000块钱给我救急，行吗?""什么? 我哪有那么多，我也正用钱，最多只能借你100块!"这样一来，目的不就达到了。好似先搬50斤的石头，再搬一块20斤的，两相比较，就觉得20斤的没有想象的那么重。

"登门槛效应"也可以用于讨价还价。如果相中了一件衣服，一问价钱居然要300元。你打定主意这件衣服最多出200元。"对半砍"总不会错，"150元。""那卖不了，我连本钱都没有收回来，实在亏大了。这样吧，你再加一点，我就算给你带一件。""那我最多出200元。""成交!"

精明的商家也经常使用"登门槛"策略。每逢新装上市，各品牌都贵得让人咋舌，毕竟，并不是每个人的腰包都那么让人有底气啊。可你偏偏就信赖这个牌子。平心而论，薄薄的一件衣服不值那么多钱，但权衡一下，若能便宜一点，就冲着这牌子也要把它买下来！你的这点心思商家是非常清楚的。他们适时制造出各种名目，使出他们的撒手锏——打折。5折、7折地打花了你的眼，也平衡了你的心理：毕竟只花了一半的钱就买了件名牌呢！打折正是商家屡试不爽的“法宝”。

“登门槛效应”是一把双刃剑，善加利用可以使沟通、交流事半功倍。但也不能为了一己之私，轻易利用他人的心理。因为拒绝了他人的要求，每个人或多或少都会心存歉意，想尽力去补偿。正是这种善良的歉意，才使得人与人之间充满爱心。

反正都已经帮了，再帮一次又何妨。

“紫牛”风

蒋丽梅

褐色的牛群比比皆是，即便沐浴在和煦的阳光里，你恐怕也懒得多看两眼，但如果此时有头紫色的牛出现，你的眼睛定会闪亮，人也会变得激动起来，这就是市场营销中的“紫牛理论”，它强调的是与众不同和不同凡响。这就是紫牛带给你的乐趣——以大胆的创意冲撞传统，挑战传统的极限。

2003年，行销大师赛斯·高汀推出了自己的力作《紫牛》，他提出唯有让产品成为产业中的“紫牛”，才有可能与众不同、出类拔萃，在不消耗大成本的广告运作下，让企业达到市场规模。高汀分析了上百则“自己会说故事”的产品案例，以此来透视紫牛的战术。

“荷兰油漆公司”推出了容易携带、容易倾倒、容易开关的油漆壶，改掉了传统油漆罐包装不好开关、不易携带的毛病，销售业绩直线上升。这并不是惊天动地的精英阶层的发明，它的特点仅在于——“卓越，值得被人真心谈论与推荐”，一个被赞扬为“超棒”的汉堡，一杯被赞叹为“喔，好吃得要命的奶昔”都是真正的紫牛。

紫牛与传统的创意并无冲突，但是高汀提醒你，创新不是可有可无，而是随时必要，没有创新，未来就死定了。世界上充满了平庸的事物，当任何一个卓越的、不同凡响的因素加入产品或者服务当中，人们的眼前就会一亮。大家的产品都一样，电梯越来越不好卖了，但“奥的斯”改变了

游戏规则——在电梯的中央控制面板上键入需要到达的楼层，然后电梯系统会做出简单的分类，用更少的电梯做了更多的事情，为地产开发商节省了安装多部电梯的资金，“奥的斯”成了一头真正的紫牛。

现在的商业竞争形式已经发生了根本的变化，因此紫牛追求在某一点上做到精致。旧的规则是，一般化的产品对应一般人的需要，新的规则是，做一种独一无二的产品，满足最需要这种产品的人的需求，不论面向企业或者个人，大多数人不会购买你的产品，不论是出于没钱，或者没时间，或者根本没需求，你面对的只是细分市场。一家设备厂推出了比同类产品贵10倍的栅栏产品，原因只是因为它们是专门为医院而设计的。“当许多人的想法是让我们做一个安全的产品，来让一般人用的时候，紫牛却想要在某一点上做到精致，他们也不想取悦最大多数人。”高汀说。

也许你会认为“紫牛”都是无心插柳之举，运气的成分相当多，但千万别忽视了公司酝酿紫牛的机制。作为公司老板，你可以问问自己有没有多花一点成本在公司的内部研发上。而高汀则提醒你，如果把所有的研发经费只放在一两个研发案例上是很危险的事情，“应该让小成本的小研发持续不断，你的紫牛才能在火焰中诞生”。

“紫牛”的领导者会占据大半的市场份额，而伴随着“紫牛”风而纷至沓来的跟随者，日子只会越来越难过，这就是“紫牛”的力量。但是所有的“紫牛”又都是短命的，不要指望一头“紫牛”一劳永逸。你可能要尽量在延长“紫牛”生命的同时，不断寻找新的“紫牛”。星巴克在使用了咖啡味道、环境和服务的紫牛以后，又发现了新的紫牛——用无线局域网来锁定商务人士，以此来保持住自己的市场优势。

未来产品的成功，极大的因素就在于该产品的卓尔不凡，简单来说，就是有自我特色，并且跳脱旧有思维，展现独特。如果你敢于突破、敢于批判、敢于创新，那么你就是一头人才市场的“紫牛”了。

一万个商人里只能挑出一个老实人，
其实那个家伙也是大智若愚。

达摩克利斯剑

蒋丽梅

达摩克利斯是希腊神话中叙拉古暴君狄奥尼修斯的宠臣，他常说帝王多福。于是狄奥尼修斯就请他赴宴，让他坐在自己的宝座上，并用一根马鬃将一把利剑悬在他的头顶上，使他知道帝王的忧患。后来，“达摩克利斯剑”The Sword of Damocles一词便成了“如履薄冰”的同义语，常有“大难随时可能临头”的意思。

竞争时代，危机无处不在，无时无刻不威胁着我们的企业，就连一些看上去非常强大的企业，如果没有处理好所遭遇的危机，都可能如“多米诺骨牌”一样，使灾难在与该企业相关的各个领域出现连锁反应，垮得一发不可收拾。所有的企业的头上都高悬着一把“达摩克利斯剑”。

比尔·盖茨曾经告诉他的员工，要时刻怀有“我们离破产永远只有18个月”的危机感；英特尔元老安迪·格罗夫告诫：“10倍速的时代已经来临，我们的失败与成功都以10倍速的节奏进行。”“如履薄冰，战战兢兢”是海尔危机意识的真情表露；而华为总裁任正非提出了要迎接“华为的冬天”，“我们大家要一起来想，怎样才能活下去，也许才能存活得久一些。失败这一天是一定会到来的，大家要准备迎接，这是我从不动摇的看法，这是历史规律”。

无锡小天鹅公司是一个以国有资本为主体的股份制企业，一直在市场竞争中劈波斩浪，在企业内部推行“末日管理”。他们认为，市场经

济的核心就是竞争，市场有竞争但无“末日”，而企业有“末日”，产品也有“末日”，他们把这个观念从上到下灌输，末日意识唤起了小天鹅的清醒。“企业最好的时候往往是最不好的时候，末日往往就是这样开始的。”“末日管理”是小天鹅的真心独白。

中国有句古话：“人无远虑，必有近忧”，作为企业更当如此。既然危机不可避免，企业就应时时绷紧应对这根弦。只有未雨绸缪，才能扭转危机于旦夕之间。平时多一些危机意识，多制定几套对付各种可能出现的危机之预案，危机来临时就会镇定从容得多，相对于没有危机意识和未制定危机策略的企业而言，你本身就已经赢得了先机。

美国新墨西哥州有个名叫杨格的果园主，一次突降冰雹，将苹果个个打得伤痕累累，就在大家都唉声叹气时，杨格突然来了灵感，他马上按合同原价将苹果输往全国各地，与往日不同的是每个苹果箱里都多放了一张小纸片，上面写了一段既幽默又亲切的文字：亲爱的买主们，这些苹果不幸受伤，但请看好，它们是冰雹留下的杰作，这正是高原地区苹果特有的标志，品尝后你们就会知道其特别的味道。买主将信将疑地品尝后，真切地感受到了高原地区苹果特有的风味。结果，杨格这年的苹果比以往任何一年都卖得好。

格罗夫还说："没有准备的企业在危机中消亡，优秀的企业能成功地安度危机，只有伟大的企业在危机中发现机遇。"优秀的企业不会在危机发生时才临阵磨枪，而是正确地构建企业危机公关系统，未雨绸缪。时刻挂记着那把达摩克利斯剑，别等到下雨了才想起买伞。

永远不要回头看，有些人可能会瞬间超过你。

——棒球手佩奇对儿子的告诫

马太效应

唐斯斯

在《新约·马太福音》中有这样一个故事，一个国王交给三个仆人每人一锭银子，吩咐他们去做生意。第一个仆人用一锭银子赚了10锭，于是国王奖励了他10座城邑；第二个仆人赚了5锭，于是国王便奖励了他5座城邑；第三个仆人把那锭银子一直包在手巾里保存得好好的。于是国王命令将第三个仆人的一锭银子也赏给第一个仆人，并且说："凡是少的，连他所有的也要夺过来；凡是多的，还要给他，叫他多多益善。"

1973年，美国科学史学家默顿用简短的话概括一种社会心理现象："对已有相当声誉的科学家做出的科学贡献给予的荣誉越来越多，而对那些未成名的科学家则不承认他们的成绩。"他把这种社会心理现象命名为"马太效应"。在现实生活中，如果一个名人与普通人做出同样的业绩，对于前者来说，荣誉和桂冠会接踵而来，而后者却可能无人问津。但是这种尚未得到的荣誉也会对普通人产生巨大的吸引力，促使他们去超越名人过去的成果才能获得向往的荣誉。

有些学生因为在高中时获得一些荣誉，使他们在大学获得老师和同学更多的信任，获得了更多锻炼的机会，相应的荣誉如"三好学生""优秀团员""优秀干部"随之而来，有了这些荣誉的积累，就又有了评定诸如"十佳大学生""优秀毕业生"等荣誉称号的资本，荣誉称号如滚雪球般越滚越多。这些荣誉是一种激励，督促他们不断超越自己，不断取得更好的

成绩。然而，如果没有清醒的自我认识和理智态度，一味地居功自傲，就会在未来的人生道路上跌跟斗。近几年我国反腐倡廉行动中挖出的那些侵害国家财产、吞噬人民血汗的“大蛀虫”，其中不乏“全国劳模”“××十大杰出青年”等被众多荣誉光环笼罩的人。他们在荣誉的包围中迷失了自己，最终走上歧途。

这种社会心理现象同样适用于企业经营发展之道，要想在某一个领域保持优势，就必须在此领域迅速做大。就像那个用一锭银子赚了10锭银子的仆人一样，赚得最多，国王奖赏得还最多，而那个没赚到钱的仆人就连仅有的一锭银子也要被罚给别人。当你在某个领域或项目中成为领头羊的时候，市场便是“国王”，即使投资回报率相同，你也能更轻易地在市场中获得比弱小的同行更大的收益。而若没有实力迅速在某个领域做大，就要不停地寻找新的发展领域或项目，才能保证获得较好的回报。

“马太效应”告诉我们，只要你在某个行业或区域做到最好，你就可以“赢家通吃”；否则“落后”不算，还得“挨打”！

你笑着看镜子，镜子里的人也笑着看你。
周围的人都是你的镜子。
——有感生活现象

博弈论

陈　哲

田忌赛马的故事在中国妇孺皆知，说的是战国时期齐威王和大将田忌赛马，参赛的马被分成上中下三等，齐王的马在每一等级上都比田忌的马好，本是稳操胜券的，但军师孙膑出了个主意，要田忌用下等马输给齐王的上等马，然后用上等马和中等马分别赢了齐王的中等马和下等马，三局两胜，最后是处在劣势的田忌赢了齐威王。这中间包含的道理就是“博弈论”。

博弈又称对策论，是研究两人或多人之间竞争合作关系的一门科学，它使用严谨的数学模型来解决现实生活中的各种冲突问题。博弈论由美国数学家约翰·冯·诺伊曼（1903—1957）创立，并与经济学家奥斯卡·摩根斯坦合作于1944年发表《博弈论与经济行为》，把博弈论引入了经济领域。20世纪50年代以后，纳什、泽尔滕、海萨尼等人又对博弈论做了进一步完善。

每一个生活在现实中的人，都是一张大棋盘上的棋子，每天以不同的身份和不同的人下着或精彩或颓败或温馨闲适或杀机四伏的棋局。精明慎重的棋手们相互揣摩、相互牵制，人人争赢，这才有精彩纷呈、变化多端的社会。博弈一词的英文game就有游戏的意思，而象棋、扑克是最古老的博弈。两人下棋，甲出子的时候，为了赢棋，得仔细考虑乙的想法，而乙出子时也得考虑甲的想法，所以甲还得想到乙在想他的想

法，乙当然也知道甲想到了他在想甲的想法。这个“你知道我知道你知道我知道……”的博弈逻辑在庄子和惠子的那次著名的“子非鱼”的对话中就有精彩演绎。

博弈论的精髓思想就是信息和规则。每个参与者的信息不同导致各人会有不同想法，而规则决定了由这个想法如何导致最终出现的结果。比如，村里有一块公共地可以放牧，每个村民只知道增加自己养羊的数目可以增加收入，由于是公共地，没有人会去关心草地的极限承载力，于是羊多了、草少了，最后草没了、羊也没了，这是一个悲剧性的博弈过程。这时就需要外部干预，制定规则，从而使草地得到最好的利用，大家也能真正得到实惠。

博弈论通过科学家的精心研究和实用推广，已从纯数学理论转变为研究经济问题的重要工具，现在经济、政治、军事、生物等领域都有广泛的应用。1994年美国政府向商家拍卖大部分电磁波频道，这一拍卖事先由一批博弈论专家精心设计过，因而取得极大的成功，不但政府获得上百亿美元的收入，而且各频率的波谱也都找到了满意的归宿。与此相对应的是，新西兰一个类似的拍卖却因为没有经过博弈理论设计而惨遭失败，政府只获得了预期收入的15%，而被拍卖的频率也未能物尽其用，例如，因为无人竞争，一个大学生只花相当于1美元的价格就买到了一张电视台的许可证！

世事如棋局局新，红绿灯是交通的规则，弱肉强食是生物界的规则，帝王将相是封建王朝的规则，WTO是国际贸易的规则；鹬蚌相争是博弈，草船借箭是博弈，钩心斗角是博弈，互惠双赢也是博弈。

今天，你博弈了吗？

东方是“羊”的教育，让人温文尔雅，
逆来顺受，礼貌谦让；西方是“狼”的教育，
教人勇于竞争，个性张扬，抛弃弱者。

跷跷板效应

蒋丽梅

小的时候你玩过跷跷板吗？当一端下沉的时候，另外一端就会随之跷起来。一个上涨，一个下跌，如此不断地此消彼长。我们把经济现象中的这种此消彼长的现象就谓之“跷跷板效应”。

在全球范围内普遍存在着股市和债市之间的“跷跷板效应”，也就是说，在股市和债市之间存在着冷热交替的现象。如果汽车、银行、钢铁等绩优蓝筹股不断走强，使股市上升具有更多的理性色彩，加之对降息的预期，投资者极有可能会把资金不断抽离债券市场，投入股票市场。这也将导致股票价格的上升和债券及债券基金净值的下跌，在资金流转的背后，“跷跷板效应”在发生着作用。

而在股市的风云变幻中，也能看到各个不同股票各领风骚的局面。比如近期科技股表现很是抢眼。而前期科技股大幅暴跌，许多股票都已经创出了近年来的新低，因此，它们的反弹也在情理之中。由于一些券商在这些股票中还未完全出局，它们为了解套和做好报表的需要，也会对这一板块进行拉升。拉升时他们往往选择在大盘蓝筹股回调的时期，这就出现了所谓的蓝筹股和科技股的“跷跷板”效应。

在进行品牌定位和延伸的时候尤其要注意“跷跷板效应”。美国营销专家A.里斯这么概括品牌定位中的跷跷板效应：一个名称不能同时代表两个完全不同的产品，当一种上来时，另一种就要下去。我们把这种同一品

牌的不同产品在市场表现上互相冲突或者无法平衡的现象叫作“跷跷板效应”。

在美国，Heinz（亨氏）原本是腌菜的品牌，而且它占有最大的市场份额。后来，公司使Heinz代表番茄酱，做得也十分成功，使Heinz成为番茄酱的第一品牌。然而，与此同时，Heinz却丧失了坐腌菜市场上的头把交椅，被Vlasic取代。可悲的是，堡垒从内部被攻破了。竞争对手费尽心机也没能够把Heinz从腌菜第一品牌的位置上挤掉，而Heinz却自己搞掉了自己。

过去“雪佛莱”是美国家庭轿车的代名词，但是在“雪佛莱”将生产线扩大到卡车、赛车后，消费者原来心目中“雪佛莱就是美国的家庭轿车”的印象焦点被模糊了，而“福特”汽车则乘虚而入占领了第一品牌的宝座。同样的悲剧也发生在Packard身上。在二战前期，美国最好的车是

Packard，其地位在凯迪拉克之上。不少国家元首甚至罗斯福总统都曾购买过它。但是到了20世纪30年代中期，Packard垂涎于中档市场的购买率旺盛，推出了中档汽车。虽然在一段时间里销路不错，但却完全动摇了其尊贵的声望。结果，Packard原来的高档市场首先一败涂地，随后中档市场又被通用击败，最终被人完全收购。

当你想做品牌延伸时，不要忘记里斯的忠告：“品牌名称是橡皮筋，你越伸展一个名称，它就会变得越疲弱。”过度的品牌延伸就像“过度膨胀的星辰一样，品牌最后会变成烧毁的空壳”。

资本主义就是这样的东西，40 年前把铅加入石油中引发油价上涨；而现在因为要去掉油中的铅，油价再次上涨。

煮蛙效应

陈　哲

所谓煮蛙效应是这样的：一只青蛙跳进热水桶中，它会迅速跳离，保住了生命；如果将这只青蛙放到冷水中，它开始会舒畅地游动，慢慢把水加热，青蛙却对逐渐升高的温度无法及时感知，后来水已经很热了，青蛙也意识到危险的存在，但它已经麻木，无力跳离，最终被煮死了。这个隐喻告诉我们，迅速的环境变化往往能调动起机体的反应机制，而缓慢变化的环境往往是最危险的。我们应保持高度的觉察能力，并且重视造成组织危机的那些缓慢形成的关键因素。

导致许多公司失败的原因，常常是习惯了缓缓而来的致命威胁而没有察觉。类似的事情曾发生在美国的汽车产业。在20世纪60年代，美国汽车占有绝大部分的北美市场，但这样风光的日子以很慢的速度在逐渐改变。1962年日本车在美国市场占有率低于4%，美国汽车制造基地底特律的三大汽车厂商完全不把日本看作生存的威胁。1967年日本车的占有率接近10%的时候，这样的威胁也不曾被正视。1974年日本车的占有率达到稍低于15%的时候，三大汽车厂仍悠然自在。到20世纪80年代初期，三大汽车厂商开始以认真的态度检讨他们自己的做法与核心假设，但此时日本车在美国市场的占有率已经上升到了21.3%。到了1989年日本车的市场占有率已接近30%，美国车只剩60%左右。美国车这只青蛙就这样慢慢被煮熟了。

彼得·圣吉在《学习型组织》一书中也谈到了煮蛙效应。他认为要建构学习型组织必须先能辨识组织的学习障碍，并列举出了七项组织的学习障碍，其中一项就是要学习看出缓慢、渐进的过程，必须放慢我们认知变化的步调，并特别注意那些细微以及不太寻常的变化。“如果你坐下来仔细观看那些退潮后的水洼，最初你不会看到有多少事情发生。然而，如果你看的时间够长，你会发现生物世界原来是动态和如此美丽的；但是移动太过缓慢，而我们的头脑习于较快的频率，因此很难察觉较慢的频率。除非我们学习放慢速度，察觉构成最大威胁的渐进过程，否则无法避免被煮的命运”。

每个人都明白健康的重要性，但并不是每个人都能察觉到自己身体的微小变化，今天要熬夜多抽几支烟、明天有个推不掉的应酬难得醉一次、后天工作累了懒得锻炼……久而久之，健康就是这样被消磨掉的。由个人的例子推而广之，热带雨林的消失、温室效应、野生动物的灭绝、人口危机，哪一个世界性的难题都不是一天两天形成的，但我们在能有所作为的时候往往忽视了它们的存在。

煮蛙效应告诉我们：遇事常想一二，防微杜渐，有时候，慢比快更可怕。

苟有恒，何必三更睡五更起；
最无益，莫过于一日曝十日寒。

里昂惕夫悖论
Leontiv Paradox

陈　哲

瓦西里 · W · 里昂惕夫是俄裔美国著名经济学家，青年时代曾在苏联、德国等地求学，学著颇丰，于1973年获得诺贝尔经济学奖，里昂惕夫悖论即是他的重要成果之一。在他之前，人们普遍相信国际贸易是在比较优势的推动下进行的。比如，中国的人力成本相对资本成本来说是比较便宜的(中国对世界大多数国家来说也是这种情况)，中国在生产劳动密集型的产品上具有比较优势，所以中国会更多地出口劳动密集型产品(如纺织品、玩具等)而更多地进口资本密集型产品(如精密机床、电子产品、汽车等)；美国的生产情况刚好相反，所以它会更多地出口资本密集型产品而进口劳动密集型产品。

国际贸易的经典理论赫克歇尔—奥林模型从实际数据计算和理论推导上均证实了“比较优势”一说。但是，里昂惕夫于1953年利用美国投入产出模型计算了1947年美国的对外贸易结构，发现结果并不如前人所研究的那样，美国恰恰进口了更多的资本密集型产品而出口劳动密集型产品，与美国资本充裕而劳动稀缺的现实不符，这并不是计算或理论推导上的错误，那究竟是怎么回事呢?这被称为里昂惕夫悖论，也叫里昂惕夫反论。

造成里昂惕夫悖论的原因是多方面的。一者，美国劳动者素质比较高，熟练劳动力比较充裕，所以相比其他国家的初级劳动力，劳动效率更

高；实质上美国的劳动力还是充裕的，这是它的比较优势，所以它出口大量熟练劳动型的产品，这包含了“人力资本”的概念。二者，每一种产品都有其发展的周期，处于创新期的新产品，实际上是知识技术密集型的，进入发展期即变成技术资本密集型，进入成熟期变成资本与熟练劳动密集型，进入衰退期基本成为一般劳动密集型。产品的主产地也随着产品生命周期变化而从技术创新的国家向其他国家转移，决定了国际贸易的走向。三者，同一种产品在中国生产和在美国生产，可能采用不同的技术，在中国会多用人力，在美国会多用机器，那么这种产品可以是劳动密集型的也可以是资本密集型的，计算时就没有一个统一的标准，这也是造成“悖论”出现的原因。可见，“悖论”不悖，而是实际情况发生了变化，世界的分工更细了，从总量上宏观上是难以观其巨变的。

对非专业的读者来说，真正要从这一悖论中明白的事情是：比较优势不是天然的，而是历史上投资形成的，是可以培养并不断变动的。一个国家，特别是中国这样的大国，必须在一个历史阶段中进行巨额投资，培养自己的战略产业，特别是基础性的创新。因为最基本、最核心的技术，比如计算机芯片、飞机上的雷达，只能自己开发，美国人是不会卖，也不会通过合资给我们的。不掌握这些核心技术，我国工业和科学技术的对外依赖度将会越来越高，在关键时刻必然受制于别国，这个问题从根本上说就是中国长远发展和国际地位的问题。

同时赶两只兔子，一只也捉不到。

达维多定律

陈　哲

达维多定律是以英特尔公司副总裁达维多的名字命名的。达维多认为，一家企业要在市场中总是占据主导地位，那么就要做到第一个开发出新一代产品，第一个淘汰自己现有的产品。也就是说要不断创新，总是处在市场的领先地位。

英特尔公司在产品开发和推广上奉行达维多定律，获得了丰厚的回报。英特尔公司始终是微处理器的开发者和倡导者，他们的产品不一定是性能最好的和速度最快的，但他们一定做到是最新的，为此，他们不惜淘汰自己哪怕是市场卖得正好的产品。例如i486处理器，当这一产品还大有市场的时候，他们有意缩短了i486的技术生命，由奔腾处理器取而代之。英特尔公司运用达维多定律永远把握着市场的主动，把竞争对手甩在背后，把供货商和消费者吸引在周围，引导着市场，也掌握着市场。无独有偶，作为英特尔忠实伙伴的微软公司，也善用这一战略，一系列的产品更新换代让人应接不暇，这并不是因为它的竞争对手有多厉害，或者是因为消费者要求如此，而是微软在应用这一理论让消费者永远只能依赖它，把其他对手远远抛在身后，独霸操作系统的市场。

达维多定律的基点，是着眼于市场开发和利益分割的成效。营销理论认为，一种新产品最容易获得市场控制权，可以迅速占有较大的份额和获得高额的利润。尤其是对于高科技或高端产品，此类产品需求量可

能不大，但需求的价格弹性小——人们为了获得新产品的使用权不惜花费高价。

IT业如此，其他市场也逃脱不了这一定律。回忆一下中国20世纪七八十年代的电视机市场。改革开放伊始，作为世界电子行业老大的日本向中国出口了大量的黑白电视机及其生产技术，当黑白电视机在中国卖得正好的时候，日本的彩电又来了，而当一部分人为拥有这种能顶一年工资的昂贵电器洋洋自得的时候，平面直角的彩电又摆上商场的货架了。其实，在卖给中国人黑白电视的时候，日本国民就已经在享受平面直角高保真的技术了!日本人早就用足了这一定律，却叫达维多去捅破这层窗户纸。

达维多定律揭示的真谛是：不断创造新产品，及时淘汰老产品，使成功的新产品尽快进入市场，形成新的市场和产品标准，也就是掌握行业标准，制定游戏规则。要做到这一点，其前提是要在技术上永远领先。

只有假货是真的，别的都是假的。

零和理论

(零和游戏)

唐斯斯

“零和”源于博弈论，博弈论的英文名为game theory，直译过来就是“游戏理论”。“零和理论”的大意是：在任何一项游戏中，正方所得与负方所失相同，两者相加，正负相抵，和数必为零，即为“零和”。

比赛中，一方得分就意味着另一方失分，胜利者的光荣背后往往是失败者的痛楚与泪水。“零和”揭示了“天下没有免费的午餐”的道理，当你取得胜利时，不要忘了，你的胜利不是天上掉下来的，是以别人的失败为代价换来的。正所谓“几家欢乐几家愁”啊。也说明了赌博的不可取。有一个小镇，那里经济落后，企业都破产了，可是人人打麻将，都想从牌桌上“赚钱”，在没有任何流动人口的情况下，每天同样的几个人打麻将，钱从这个口袋掏到那个口袋，每天赢钱的人负责交桌费给麻将馆，还得管几个人的午饭、晚饭。这样不仅赚不到钱，钱最终会流到麻将馆老板的口袋里去。天天泡在麻将桌上，不仅荒废了时间、损害了健康，还丧失了真正致富的机会，在这种情况下没有真正的赢家，是为“负和”或者“双输”。

21世纪初，由长虹率先降价引起的国内彩电行业“价格战”相信大家一定不会忘记，那场价格战真是惊心动魄，惨不忍睹，之所以这么说，是因为这场价格战范围之大，规模之大，损失之多，在中国可称“史无前例”。首先，当时的行业老大长虹为了赢得市场，率先降价。为了争夺市

场，其他企业纷纷效仿，一时间，出现了“挥泪价”“跳楼价”，有些企业甚至将价格降到了成本以下。消费者受惠了，但这也导致了很多中小彩电企业的破产，虽然长虹由于技术力量强大、降低成本以及营销成功才得以成为这场价格战中少数几个没被扫荡下来的企业之一，但利润也受到了影响。在这场为了争夺市场而引发的价格战中，长虹和中小彩电企业都付出了惨重的代价，得不偿失，可谓两败俱伤。

随着经济的发展，经验的积累，人们知道了在残酷的市场竞争中，单枪匹马难以闯天下，寻求合作不仅可以达到优势互补，也可以分担风险，扩张势力。于是越来越多的人玩起了“非零和游戏”，这就是我们经常可以在媒体上听到的“双赢”，也就是“正和”。

中国加入WTO，既加快了中国融入世界经济的步伐，也向成员打开了中国广阔的市场，虽然依然存在着挑战，但这毕竟是中国发展的必经之路，也是一条“捷径”，这就是中国和WTO成员之间的“双赢”。在国际市场，成员之间可能就是竞争的对手，但制定WTO协议，不是为了分出胜负，而是为了通过合作在市场中都能获得更大的收益。

“利己”不一定要建立在“损人”的基础上。从“零和”走向“正和”，要求各方都要有真诚合作的精神和勇气。与其把精力耗在无所作为、没有效益的“窝里斗”之上，不如把视线盯在对方的长处和优势上，并为我所用。

规则是游戏的灵魂，只要我们改变零和游戏的规则，有赢未必有输，在市场经济的大舞台上，只要人人遵守游戏规则，“正和”和“双赢”就会在更多的地方早一天到来。

信言不美，美言不信；善者不辩，
辩者不善；知者不博，博者不知。
——老子《道德经》

多米诺效应

陈 哲

安然公司，名列《财富》五百强第七位，有500亿美元的资产，在2001年12月3日成了美国有史以来规模最大的破产公司，然而，事情才刚刚开始。同年12月12日，宝丽来申请破产保护，2002年1月凯玛特和环球电讯破产，6月，受安然事件牵连出的安达信被判“死刑”。也还是在这一个月，安达信的另一个客户世界通信爆出38亿美元的财务漏洞，三天以后，施乐公司承认有14亿美元的虚报利润……这些都是世界五百强的公司，你拉我扯，轰然倒塌。

多米诺效应指因关系紧密、由小到大而发生的一系列连锁反应，就像多米诺骨牌一样，只要有一块倒下，其余的就会一个接一个依次倒下。骨牌最早起源于中国的宋代，意大利的传教士多米诺将这一游戏带回米兰并在游戏规则和牌体制作上加以改进，能给游戏者带来更多的乐趣。不久这一游戏就作为一项高雅的运动传遍了整个欧洲，成为知名度最高、参加人数最多的一项非奥运项目。

20世纪90年代，东南亚的一些国家，如泰国、马来西亚、菲律宾等，为了降低国内的通货膨胀，将本国货币与美元挂钩，固定比例兑换。这一政策吸引了大量外资。外资增加了，进口货物越来越便宜，出口货物越来越贵，政府的贸易赤字（逆差）也在增加，当赤字规模达到足够影响GDP的时候，人们对经济的信心开始动摇了，毕竟，国际贸易

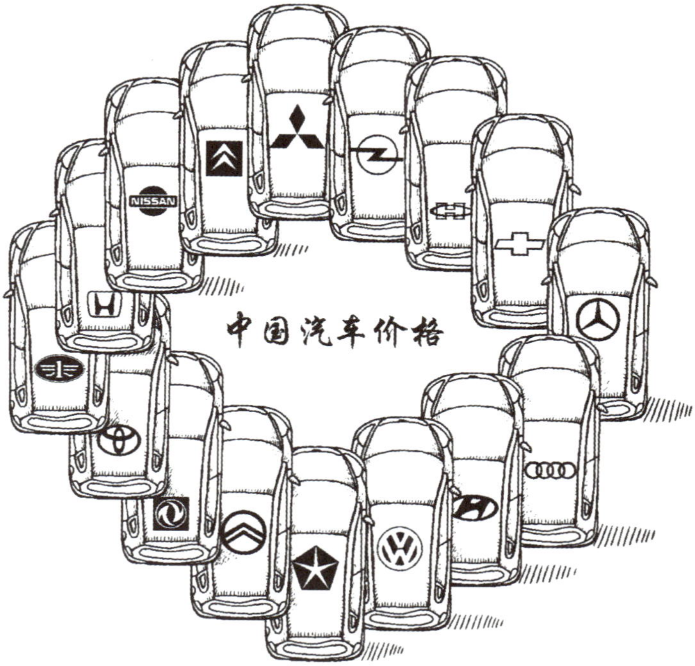

的风险不是某一国可以控制的。另外，当初某些外资的投资失误又加剧了信心的崩溃。这时，外资开始大量撤走。中央政府用来准备兑换的外汇储备不足，不得不紧缩本国货币，紧缩政策进一步抑制了经济增长。局面一发生困难，人们纷纷抛售该国的货币。雪上加霜，股市下跌，生产停滞，失业率上升，银行破产，经济一落千丈。一国的波动通过国际贸易和国际金融链条迅速地传染上其他国家，并且互相感染，震荡加剧……这就是曾经赫赫有名的“亚洲金融风暴”！

多米诺效应给我们展示了一个有着复杂和普遍联系的世界，不论是在政治军事还是在商业领域中，如果不注意防微杜渐、堵塞漏洞，就可能千里之堤溃于蚁穴，一发而不可收。

太阳要求结婚，你千万不要鼓掌，
因为青蛙会遭殃。

——拉封丹寓言

“海盗分金”模型

唐斯斯

经济学上有个“海盗分金”模型，是说5个海盗抢得100枚金币，他们按抽签的顺序依次提方案:首先由1号提出分配方案，然后5人表决，超过半数同意方案才被通过，否则他将被扔入大海喂鲨鱼，依此类推。

假定“每个海盗都是绝顶聪明且很理智”，那么“第一个海盗提出怎样的分配方案才能够使自己的收益最大化”?

推理过程是这样的:

从后向前推，如果1至3号强盗都喂了鲨鱼，只剩4号和5号的话，5号一定投反对票让4号喂鲨鱼，以独吞全部金币。所以，4号唯有支持3号才能保命。

3号知道这一点，就会提“100，0，0”的分配方案，对4号、5号一毛不拔而将全部金币归为己有，因为他知道4号一无所获但还是会投赞成票，再加上自己一票他的方案即可通过。

不过，2号推知到3号的方案，就会提出“98，0，1，1”的方案，即放弃3号，而给予4号和5号各一枚金币。由于该方案对于4号和5号来说比在3号分配时更为有利，他们将支持他而不希望他出局而由3号来分配。这样，2号将拿走98枚金币。

同样，2号的方案也会被1号所洞悉，1号并将提出（97，0，1，2，0）或（97，0，1，0，2）的方案，即放弃2号，而给3号一枚金币，同时

给4号（或5号）2枚金币。由于1号的这一方案对于3号和4号（或5号）来说，相比2号分配时更优，他们将投1号的赞成票，再加上1号自己的票，1号的方案可获通过，97枚金币可轻松落入囊中。这无疑是1号能够获取最大收益的方案了！答案是：1号强盗分给3号1枚金币，分给4号或5号强盗2枚，自己独得97枚。分配方案可写成（97，0，1，2，0）或（97，0，1，0，2）。

“海盗分金”其实是一个高度简化和抽象的模型，体现了博弈的思想。在“海盗分金”模型中，任何“分配者”想让自己的方案获得通过的关键是事先考虑清楚“挑战者”的分配方案是什么，并用最小的代价获取最大收益，拉拢“挑战者”分配方案中最不得意的人们。企业中的一把手，在搞内部人控制时，经常是抛开二号人物，而与会计和出纳们打得火热，就是因为公司里的小人物好收买。

1号看起来最有可能喂鲨鱼，但他牢牢地把握住先发优势，结果不但消除了死亡威胁，还收益最大。这不正是全球化过程中先进国家的先发优势吗？而5号，看起来最安全，没有死亡的威胁，甚至还能坐收渔人之利，却因不得不看别人脸色行事而只能分得一小杯羹。

不过，模型任意改变一个假设条件，最终结果都不一样。而现实世界远比模型复杂。

首先，现实中肯定不会是人人都“绝对理性”。回到“海盗分金”的模型中，只要3号、4号或5号中有一个人偏离了绝对聪明的假设，海盗1号无论怎么分都可能会被扔到海里去了。所以，1号首先要考虑的就是他的强盗兄弟们的聪明和理性究竟靠得住靠不住，否则先分者倒霉。

如果某人偏好看同伙被扔进海里喂鲨鱼。果真如此，1号自以为得意的方案岂不成了自掘坟墓！

再就是俗话所说的“人心隔肚皮”。由于信息不对称，谎言和虚假承诺就大有用武之地，而阴谋也会像杂草般疯长，并借机获益。如果2号对3、4、5号大放烟幕弹，宣称对于1号所提出任何分配方案，他一定会再多加上一个金币给他们。这样，结果又当如何？

通常，现实中人人都有自认的公平标准，因而时常会嘟囔：“谁动了我的奶酪？”可以料想，一旦1号所提方案和其所想的不符，就会有人大闹……当大家都闹起来的时候，1号能拿着97枚金币毫发无损、镇定自若地走出去吗？最大的可能就是，强盗们会要求修改规则，然后重新分配。想一想二战前的希特勒德国吧！

而假如由一次博弈变成重复博弈呢？比如，大家讲清楚下次再得100枚金币时，先由2号强盗来分……然后是3号……这颇有点像美国总统选举，轮流主政。说白了，其实是民主形式下的分赃制。

最可怕的是其他四人形成一个反1号的大联盟并制定出新规则：四人平分金币，将1号扔进大海……这就是阿Q式的革命理想：高举平均主义的旗帜，将富人扔进死亡深渊……

所以，我们要用制度规范行为，用理性战胜愚昧！

家庭财产分配原则：
人都被老婆俘虏了，还在乎兜里的钱包？

斯芬克斯之谜

蒋丽梅

在希腊神话中，斯芬克斯是个狮身人面的怪物，她面如美女，具有狮身，肩生双翼，蹲在忒拜城附近的山崖上，用谜语询问过路的人。她问：“早晨走路时用四只脚，中午用两只脚，傍晚用三只脚。走路时脚用得最多的时候，正是他的速度和力量最小的时候。”凡是过路人都不得回避，必须作答，要是猜错了，马上就会被她吃掉。这个谜令过路人胆战心惊，无数人不知所措，因回答不出而丧命。这便是当时天下最难解的斯芬克斯之谜。

最终，这个谜被流浪到忒拜城的俄狄浦斯揭开了。他说：“这是人。因为在生命的早晨，人还是软弱无力的孩子，他用两手两脚爬行，这就是用四只脚走路；在生命的中午，人正当壮年，他就用两只脚走路；但人到老年，面临迟暮，走路需要扶持，于是借助拐杖，作为第三只脚。”斯芬克斯听到这个正确的解答后，马上失去了往日的威严，羞愧不已，跳崖而死。

科学家们常从希腊神话中得到哲学的启迪。这个斯芬克斯之谜正是永久的宇宙之谜，是人生的朝来暮去，生死交替。但是我们却可以从这个故事中注意到俄狄浦斯对“斯芬克斯之谜”的特别解答。俄狄浦斯没有试图在他所熟悉的事物中找寻一个成品，而是用结构、顺序和关系的不同概念来理解这个谜。他运用了两种不同的角度来解答问题。从顺序上，他把白

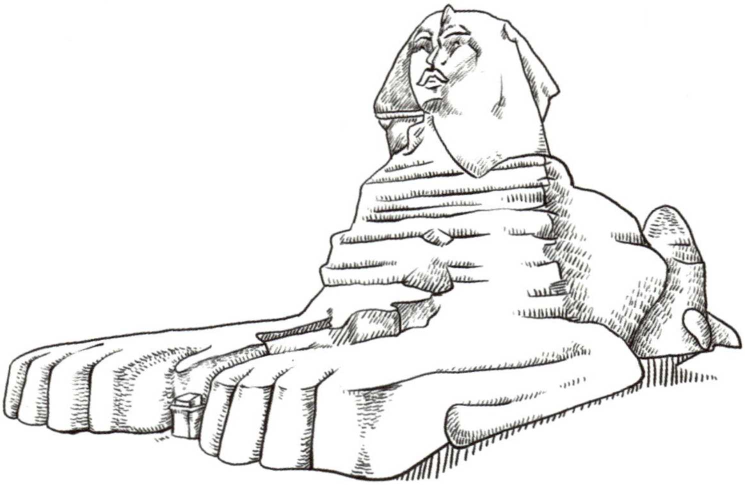

天的时间同人们的生活顺序同等看待。那些经过的生活不再由年月分割成数段而是从整体中抽取印象。他只把时间看作一种顺序，扩展了这个概念。从结构上，他否定了一种模式的惯性思维，而是采取了多元化的整合。于是我们看到：一个幼儿在用四肢爬行，一个青年直立行走；而一个老人拄着一根手杖。

俄狄浦斯的思维体现了一点——创造性。而这正是一个好的广告所应具备的。当今，广告正大举入侵我们生活的各个层面，每天都有几十种甚至上百种广告充斥着我们的感官。而在这个被各种信息充斥的社会里，人的心智空间是狭窄有限的，它甚至只能给人留一个产品、一个公司、一座城市或者一个国家。虽然广告目标、诉求重点、定位、到达率这些概念早已被提出并在广泛应用，统计结果却是在收看的广告中只有1/3能给媒体受众留下一些印象，这1/3中仅有半数能被正确理解，仅有5%能在24小时内被记住。

大卫·奥格威说："除非你的广告有好的点子，不然它就像被黑暗吞没的船只。”“七喜，非可乐”，寥寥数字就把自己推离了硝烟弥漫的可乐圈并几乎夺去了可乐的半壁江山。当广告学教程强调“完美才易使消费者接受”时，克塞尔斯克拉默公司却用单腿模特做鞋的广告，而他们为阿姆斯特丹Shompot planet理发店做的广告赫然是一个被剪掉的人头，广告的效果竟然非常的好!

即使一种思维模式已经成功了几十次，它也没有必要被固定化。固定的事物就像成熟的水果，必定一个一个要从我们的经验上脱落。“上帝给了我聪明的头脑，我要用它去寻找智慧”。

男人最不喜欢的三本书：破产判决书，
病危通知书，结婚证书。

投射效应

蒋丽梅

投射效应是一种“以己论人”的效应，就是常说的“以己之心度他人之心”或“以小人之心度君子之腹”。心理学研究发现，人们在日常生活中常常不自觉地把自己的心理特征（如个性、好恶、欲望、观念、情绪等）归属到别人身上，认为别人也具有同样的特征，比如说，自己喜欢说谎，就认为别人也总是在骗自己；自己自我感觉良好，就认为别人也都认为自己很出色……心理学家们称这种心理现象为“投射效应”。

投射效应常常发生在两种情况下：一是当别人各方面的条件与自己相似时，如年龄、性别、学历等，就会产生一种“试比高低”的冲动或欲望；二是当自己有不称心的事时，就把一些问题转移到别人身上，以求心理平衡。比如有人批评年轻人不该吸烟，有的年轻人就说：你看电影上的大人物叼个烟多潇洒啊！也就是说，连大人物都吸烟哩，我这无名小辈有什么不可以的？

在日本，洋娃娃代表着小女孩希望自己长大后的形象。芭比娃娃在日本刚推出时，在青少年眼中，胸部太大，腿也太长，蓝眼睛一点也不像日本少女，因此销售不佳。于是公司修正了芭比娃娃的胸部和腿，也将蓝眼睛改为咖啡色。两年内芭比娃娃卖了近200万件。像金利来把成功男人的特征通过广告投射到领带、西服产品上，以“金利来，男人的世界”征服了广大消费者。

当企业将触角伸向海外时，往往会利用直接投资(direct investment)、合资经营(joint venture)等方法，但有极大部分的企业将母国公司的经营方式全盘移植至国外子公司，母公司将经营方式投射到海外子公司。然而，海外市场在科技、政治、经济、文化、人口等外在环境上均与母国环境显著不同，这种全然的复制，往往会种下失败之因，终将品尝失败之果。

翻开美国零售巨人沃尔玛公司的“海外扩张史”，不乏一个个惨败的实例。1994年挥师香港时，由于商品品种和选择地点的失误，沃尔玛两年后被迫撤退；1996年进入印尼，雅加达的一家门市在1997年的暴动中先是被洗劫一空，随后又被一把大火焚毁，沃尔玛仓皇中“逃出”印尼；后来，沃尔玛又在德国收购了两家零售公司，因试图把自身的营运系统强加到对方身上，结果损失了数亿美元。这是典型的不当运用“投射效应”的例子。

能够以己度人固然可贵，但是一厢情愿和自作多情却也同样是商家大忌。在爱与不爱之间的抉择，在想与不想之间的徘徊，在阵痛之后智慧而理性的权衡才是决策的要义。

把自己的妻子当成女王，你就是国王；

把妻子当成侍女，你就是仆人。

——夫妻相处秘诀

鹰和人都吃鸡

蒋丽梅

美国经济学家亨利·乔治曾经有一个著名的比喻：“鹰和人都吃鸡，但鹰越多鸡越少，人越多则鸡越多。”这是因为人除了吃鸡以外还养鸡。

做市场也是这样，能拿订单算有本事，但是能培养出源源不断的市场是大本事。而在中国这个大市场上，很多行业出了“鹰”，市场开始萎缩。而很多有识之士却开始养鸡，积极培育自己的市场，从而拓展利润的可能空间。

21世纪初，家电市场价格战一直没有停止过。价格战此起彼伏，几乎涉及了所有的家电产品。由于连绵不断的价格战，使家电的价格一直低迷运行。经过了较长时期的竞争后，中国家电行业整体上处于微亏与微利并存的时期。据统计，在经历了轮番的价格战后，中国彩电业元气大伤，价格战使该产业损失约147亿元。对商家而言，降价虽然能使销售量连创新高，但利润空间却越来越小，国内大家电的整体利润大约为5%左右甚至更低。由于微利甚至亏本经营，已有商家退出或考虑退出家电经营行业。如此，在价格战的战火喧嚣中，市场的蛋糕并没有越做越大，反而越来越小，甚至趋于萎靡。

中国音像业也呈现出前所未有的尴尬局面：音像市场上正版音像制品仅占据５%的市场份额，而盗版却坐拥大半壁河山。正版销售全线滑坡，音像企业经营大多如履薄冰，作为能为国家创税、能拉动市场内需的“朝

阳产业”，却因肆无忌惮的盗版使“朝阳产业”如“夕阳”般沉寂。其实大家都明白这样一个道理：“买盗版暂时是省钱了，但长期看，不利于整个产业的发展。你今天买盗版，明天买盗版，还有哪个电影制片厂敢摄制电影？如果他们不拍电影了，你还有电影可看吗？”完全可以预言，如果盗版再以这样的“高效率、高质量”运作下去，如果正版业再不采取“撒手锏”式的有效手段扼杀盗版这种顽强的滋生力量，有朝一日，不仅市场上很难寻觅到精品文化产品，而且连像样一点的东西也会变得凤毛麟角。在盗版这只巨鹰的蚕食下，文化产业的“鸡”只会越来越少。

中国集邮总公司从1995年开始平均每两年在中国举办一次国际性博览会，1995年在北京举办首届之后,第二届选择了有“中国收藏半壁江山”

之称的上海市举办，第三届在南方沿海经济、文化最发达的广州市举办。这三个城市的集邮活动开展得都十分普遍，集邮人口也十分集中。在博览会期间，组委会组织了如“社会名流签名”“青少年邮品设计大赛”“集邮知识大奖赛”“集邮研讨会”等文化活动。通过这些来培养大众对集邮的兴趣，积极培育邮票市场，为集邮市场养“鸡”。

只要你有本事像人那样吃“鸡”，越吃越多，当然可以吃。如果缺乏“人性”，越吃越少，最后把“鸡”吃绝种了，弄得后人没得吃，就得不偿失了。

结婚戴戒指的含义是：把双方都套牢。

青年帕金森无价值病

陈 哲

如果我们多观察周围的人，就会发现现在有很多的年轻人，特别是刚从学校毕业的学生，总是一副茫然若失的样子。他们老觉得自己的生活特没劲！干什么都提不起精神，大学毕业后换了n份工作，却没有一件觉得称心和想做下去。

这样的年轻人其实是患了一种叫作“青年帕金森无价值病”的非汤药所能医治的青年病。这是目前世界上一种杀伤力强而且还比较流行的“传染病”，它可以令一般二十来岁刚刚自立的年轻人一踏进社会便“死”去，对于他们，生命的意义就变成了只要存在就行。

“青年帕金森无价值病”患者通常有下列一种或几种病症：

1.不能控制自己的思想，只受情绪、五官之快感控制，常常爱冲动。

2.认为自己没有价值，不追求人生价值，认为时间没有价值。

3.缺乏决心、恒心、爱心，工作和办事不守时。

4.认为自己不会成功，工作只是为了换取生活所需的经费。

5.认为人的一生有无数次创业机会，自己还有大把的时间和机会。

6.不懂得或者不愿意发现和欣赏周围存在的美好事物，以为一切都是应该的，是老天欠自己的。

7.认为时间的意义就是手表所表示的时间数字。

要想治疗这种疾病，关键要从寻找人生目的和价值入手。如果你不

幸感染了“青年帕金森无价值病”，那么请你暂时将自己对社会、对家庭的价值和责任放在一边，你只需要专注、冷静地思考一下：自己个人最向往的是什么？什么事情会令自己感到快乐和幸福？这是在对自己的人生目的进行思考。当你确定了自己的人生目的后，再就如何达成这个目的做一番行动与时间的计划，这样，你就为自己的人生设定了一系列有意义、可实现的目标，这些目标不仅要包括事业方面的，还应该有家庭、社会和自我发展方面的。

为了实现为自己制定的一系列目标，我们就有了一个又一个有价值的生命追求。这样，我们就能够发现由此而产生的行动价值了。

对于制定目标和为目标努力奋斗这两方面，我们可以从两只鸟儿那里学到一些教训。第一只是“白头翁”，白头翁从懂事起就想成为不平凡的鸟，可是什么是平凡，什么是不平凡连它自己也弄不清楚，结果它就盲目地先后跟着几只鸟儿学本领，结果却是每个本领学到后来都觉得厌倦，于是到头发白了还是一事无成。而“寒号鸟”目标倒是明确，就是冬天到了，得垒个窝避寒，但是今天推明天，明天推后天，结果严冬到时窝还没垒，于是不幸地被冻死了。

一等二靠三落空，一想二干三成功。

钱穆制度陷阱

陈　哲

钱穆制度陷阱是我国现代著名历史学家钱穆（1895—1990）提出的一个观点。他在分析中国历史时指出，中国政治制度演绎的传统是，一个制度出了毛病，就再定一个制度来防止它。结果制度越来越多，往往造成前后矛盾、执行困难，反而失去效率与效力。

比如，有的城市在制定交通法规中，先规定机动车撞人后，根据违章情节各负其责，后又改为“行人违章撞了白撞”，再后又改为“机动车负全责”，最后又改回“各负其责”……让人无所适从。

钱穆制度陷阱说明对权力的监督是一件困难的事。我们在完善监督制度的过程中要力防陷入“钱穆制度陷阱”。有效的监督制度不可能是一个单项的制度，而应是一个制度体系。但这个制度体系不是以制度的多少为标准的，不是越多越好，而是在于管不管用。因此，制定制度要切中问题要害，建立真正管用的制度框架。当规章制度影响到生产效率时，再好的制度也该废除。

细节不等于烦琐。

——经营有感

屋顶理论

陈　哲

屋顶理论是原联想集团董事局主席柳传志提出的。他在美国哈佛商学院解释这一理论时说，根据联想多年的经验，管理是分层次的，好像一座

房子，分为屋顶、墙体和地基三部分。房顶的部分属于企业的日常经营运转，比如企业的采购、生产、研发、销售等。不同的企业、行业完全不一样，比如麦当劳跟微软就肯定不同。墙体指的是流程层面的管理，比如像物流、资金流、信息流、人力这些方面。

在墙体这个层面，很多企业、行业都能提炼出来一些共同的东西。地基是基础，比如机制体制的问题，包括管理理念、企业文化等。

通俗地讲，就像一个企业要有一个好的领导班子，要有一个好的制定战略的方法，要有带队伍的能力。柳传志认为，在地基这一层次，许多跨国公司已经相当牢固了，所以他们更关注与企业创造效益直接相连的屋顶这一层次，而我国企业的根基却有很大问题。许多企业往往靠某一个策略，或者耍一个市场“手腕”而取得短暂的市场地位，比如许多曾经风靡一时的企业“巨星”，都是靠屋顶这一层的运作取得一时成功。但因根基不牢固，最后免不了倒塌。

入观庭户知勤惰，一出茶汤便见妻。

——《增广贤文》

帕累托最优原则

陈 哲

帕累托最优原则是由意大利统计学家、经济学家维尔弗雷·帕累托提出的。帕累托最优原则指的是在改进一部分人的福利或满足程度时，不能以牺牲另一部分人的利益为代价，否则这个改进就不能认为是最终提高了社会总体发展水平。

帕累托本人强调，历史上，人类建立的不少制度牺牲甚至剥夺了部分群体的利益，这延缓了人类文明的进步速度。

帕累托最优原则有很强的现实意义。当前，国际上以牺牲别国利益为代价的极度不均衡的国际政治、经济秩序延缓甚至阻碍了整个人类文明进步的步伐，并成为世界上战乱不休的重要原因。我国城乡之间、社会阶层之间的贫富不均对我国全面建设小康社会有一定的影响。某些地区的野蛮拆迁或滥占耕地的行为给社会增添了不稳定因素。这种现象不改变，经济社会发展很难走上健康的轨道。

人同刺猬一样，只不过刺猬皮上长刺，
人心中长刺。距离太近扎得慌，太远了又寂寞。
——生活有感

米兰达警告

门　睿

在美国警匪片中，常有这样的镜头——警察一边给嫌犯戴手铐，一边念叨：“你有权保持沉默，否则你所讲的一切都可在法庭上用作对你不利的证据……”这就是著名的“米兰达警告”，又称“米兰达条款”。

除了上面那两句，“米兰达警告”的完整表述还有以下内容：“你有权在接受讯问时有律师在一旁帮助你；如果你请不起律师，政府可以派一个律师给你。如果你现在决定在没有律师的情况下不回答问题，你可以随时

要求停止询问，直至你和律师交谈。”

“米兰达警告”如今已成为美国司法机构和人员必须遵守的法律，即不得强迫公民说出不利于自己的话，不得强迫公民自证其罪。这里面的逻辑是，在法庭判决有罪以前，任何公民都必须被看作是无罪的。法律上称之为“无罪推定”。“米兰达警告”的主要出发点是防止执法人员滥用职权，特别是要防止逼供。

“米兰达警告”来由是美国20世纪60年代的“米兰达诉亚利桑那州”一案。当时一个名叫米兰达的青年，被警察强迫签下一份坦白文件。地方法院依据他的坦白文件，判了米兰达20年监禁，但最高法院推翻了地方法院的判决，理由是警官在审讯前，没有预先告诉米兰达应享有的权利，而且运用了逼供手段，因此米兰达被判无罪。

米兰达警告虽然是法律术语，但在经济生活中也有实用意义。比如某城市突然颁布了一项规定，要求所有化油器轿车都要加装某催化器，否则不予年检。此项规定并没有在发布前进行“米兰达警告”，即没有对消费者进行提示、预告或征询意见，而是强制执行，许多私家车主意见很大，不得不花费几千元乃至几万元改装车辆。

推而广之，许多经济法规的出台或采取经济制裁措施之前，能否给企业或消费者、被罚者一个“米兰达警告”呢？

盯紧前面的路吧，后视镜只是用来避免麻烦的。

——丹尼尔·麦凯姆

谷堆论证

蒋丽梅

“谷堆论证”是古希腊迈加拉学派哲学家欧布里德(Eubulides)“堆”的论证之一。欧布里德是古希腊数学家、欧氏几何学的创始人——欧几里得的学生。他曾经提出许多有名的论辩，而其中最为著名而且曾被列宁引用的则是“谷堆论证”。欧布里德认为，如果一颗谷粒不能形成谷堆，再加一颗谷粒同样不能成为谷堆，如此反复递加，谷堆仍然是不能成立的。也就是说，谷堆是由谷粒一粒一粒地堆积起来的，到底堆到第多少颗谷粒才算是变成谷堆了呢?欧布里德试图以此来证明人们在常识中所做出的“多”与“少”的区别是武断的。

随着知识型员工的增多以及工作内容智力成分的增加，越来越多的工作需要团队合作来完成。团队更加强调组织中个人的创造性发挥和整体的协同工作。如果不能将团队成员整合在一起，那么不管是多少颗谷粒，也只能是一盘散沙。

《华尔街日报》曾与哈里斯互动公司进行过一项联合调查，结果显示，美国公司在招聘企业管理专业的毕业生时，最重视的特质是处理人际关系的技巧和团队合作的能力。“学生从商学院里发展了很多特质和才能，但是沟通和处理人际关系的能力显然是招生人员最看重的特质”。

如何协调个人成长与团队成长的关系，使他们能够相互作用、共同发展是一个值得讨论的话题。著名企业策划专家博比·克茨在《公司协作中

的用人术》一书中认为："企业领导的责任不是仅仅考虑员工个人才能的问题，而是应该根据每个员工个人才能的特点，加以组织起来并形成团体协作力量的问题。没有团队协作的个人才能，仅仅是局部的效应。"要打造一支有效的团队，培养协作精神，不仅需要团队个人的努力，也需要领导智慧和企业文化的氛围营造。

在日益物化的世界中，跳槽和金钱的诱惑就像离心力，不断拉扯着员工的心思和精力，使得谷堆时时处于坍塌的危险之中，如何构建起自己独特的吸引力以保证谷堆的平稳就成为各大企业人力资源管理的重心所在。通用电气公司前任CEO杰克·韦尔奇认为，团队管理的最佳途径并不是通过"肩膀上的杠杠"(例如头衔)来实现的，而是致力于确保每个人都知道最紧要的东西是构想，并激励他们完成构想。正是这样优良的企业文化，使得美国通用电气公司(GE)长期以来一直雄踞世界五百强企业之首。

有时，一些企业为了避免团队不和所造成的效率折扣，分配任务时就以个人为单位，把一个复杂的项目分割成无数个小单位，每个人负责其中的一部分，独立完成并承担全部的责任，无须相互的交流和沟通。在多数中小规模的软件企业中，抛弃了谷堆的固有模式而采取扁平化管理，有效地将一颗颗谷粒分割开来，更合适他们的生存和发展。

只有当每颗谷粒因为各种引力的作用而相互配合，默契地凝聚为一支优秀团队时，才会达到猛虎添翼、所向披靡的效果。否则，1+1的结果未必就等于2。

良田万顷，日食三餐；大厦千间，夜眠八尺。

——《名贤集》

巴纳姆效应

陈　哲

一位名叫肖曼·巴纳姆的美国著名杂技演员在评价自己的表演时说，他之所以很受欢迎是因为节目中包含了每个人都喜欢的成分，所以他使得“每一分钟都有人上当受骗”。后来，心理学家把人们很容易相信

一个笼统的、一般性的人格描述的心理称之为巴纳姆效应。

下面一段话是心理学家使用的材料，你觉得是否适合你？你有自我批判的倾向；你有许多可以成为你优势的能力没有发挥出来；你与异性交往有些困难，尽管外表上显得很从容，其实你内心焦急不安；你喜欢生活有些变化，厌恶被人限制；你认为在别人面前过于坦率地表露自己是不明智的。

仔细研究这些材料，你会发现，这其实是一些无论套在谁的头上都合适的帽子。巴纳姆效应说明在人类的思想意识领域有诸多共性的东西，善意、准确地利用它，可以为你赢得更多的朋友，当然，算命先生也用它来骗钱。

在经济领域中，许多厂家也是利用了巴纳姆效应来推销产品：有些药品说明书中恨不得包治百病；有些厂商暗示本厂生产的食品具有食疗功效；有些洗涤剂笼统地说明既可以洗器皿，也可以洗水果……这些，无非是想赢得顾客的好感，因为顾客希望有这些功用。但是否真有呢？只有天知道！

世界上最动听的话不是“我爱你”，
而是“你的肿瘤是良性的”。
——伍迪·艾伦

挤出效应

陈 哲

挤出效应来自宏观经济运行的研究。如果政府扩大财政资金支出，比如，用财政拨款修路、办企业、增加公务员薪金、修建政府大楼等(学术上叫作公共支出)，那么这些大幅增加的资金实际上是来自于银行的储蓄存款，是全国人民存进银行的钱而并不是政府自己的财政收入(这是财政赤字形成的重要原因)，一般来说，这一过程是通过发行国债来实现的。对资金(储蓄款)的需求增加，就会引起利率的上升，因为只有增加利率才会吸引更多的人去买国债，去银行存款，才有更多的储蓄余额用来供政府投资。而利率上升也就意味着银行的贷款利息会增加，这样一来，私人企业会减少从银行贷款去投资，个人也会减少消费而更多地存钱来获得利息，我们就说私人投资减少了。综上所述，挤出效应是指政府支出的增加所引起的私人消费或投资降低的作用，即政府支出增加会引起利率上升，进而导致私人投资和消费减少。

2001年，中国政府为刺激经济复苏，采用扩大财政支出的办法来拉动经济增长。从统计数据上看，下半年财政筹资和投资力度加强，产生出明显的挤出效应。自8月份起，基建投资项目的资金来源中，国家财政资金投入量明显增大，支持基建投资增长速度加快。此时宏观经济已经出现了回升迹象，出现了很多新的市场投资机会，银行、金融机构、地方政府及企业本可以把资金更多地转移用于有市场效益的项目上，但这

时候，财政投资项目加大实施力度，项目资金来源中，财政投资增速大幅度高于贷款和自筹资金，同时还把很多现在不愿投入财政项目而想转投市场项目的社会资金再强拉回来。这样，一方面，挤出效应导致财政扩张投资不是形成或带动起新的市场需求，而是挤压了正欲扩张的市场需求，对经济自主回升形成阻碍；另一方面，中央财政负担加重，赤字扩大，使得减轻税负、刺激投资的积极财政政策难以实行，市场活动空间受到严重挤压。

不但政府投资会对私人投资形成“挤出”，一味地引进外资，对国内的资金同样会产生这一效应，使国内资金丧失投资的良机，不能充分有效地发挥作用。如若这样，不但本国经济成分失去了发展机会而让给国外公司，也会促使愈来愈多的国内资本加入“游资”的行列，成为“热钱”，循环地在证券市场、房地产市场等新兴市场上炒作，导致价格的飘浮不定，失去价格信号的意义，助长了“泡沫经济”。

财政支出拉动、引进外资、挤出效应等都是一体多面的问题，经济政策从来就没有绝对的正确和错误，一切均取决于对“度”的微妙权衡。

画家与音乐家不可兼得。

苛希纳定律

陈　哲

官场上经常有可能会出现官员过多的问题，它造成的最大危害是效率低下、成本高昂。西方管理学中有一条著名的苛希纳定律：如果实际管理人员比最佳人数多两倍，工作时间就要多两倍，工作成本就要多四倍；如果实际管理人员比最佳人数多三倍，工作时间就要多三倍，工作成本就要多六倍。

苛希纳定律告诉我们，在管理上并不是人多力量大，管理人员越多，工作效率未必就会越高。实际上，苛希纳定律认为员工组合的工作效率和工作负荷程度成反比。苛希纳定律要求我们，要认真研究并找到一个最佳人数，以最大限度地减少工作时间，降低工作成本。

中国历代王朝的兴衰可以印证苛希纳定律的价值。每个强盛王朝的早期，都是官少民多，与民休息，官僚机构简小而精干，故政府能高效率地运作，国家能很快地强盛，民心也得以安定。在这方面，汉朝的“文景之治”是个很好的例子。可惜到了王朝的后期，官僚机构膨胀，出现了官多民少、“十羊九牧”的情况，于是政出多门，互相扯皮，人浮于事，恰如老百姓概括的“三分之一的干，三分之一的看，三分之一的瞎捣乱”。中国有句民谣“人多乱、龙多旱，鸡多不下蛋”。官多了自然效率低下，浪费纳税人的钱。

当然，苛希纳定律在企事业单位中得到了更广泛的应用。现在很多企事业单位都借鉴苛希纳定律，优化员工队伍组合，实行满负荷工作制，着手建立管理人员能上能下、能进能出，工资能高能低的用工机制和工资分配制度。压缩分流机关人员，精简管理人员，充实一线力量；实行“竞争上岗，双向选择，优胜劣汰”的用工制度，不拘一格大胆用人，对开拓能力强、成绩突出的管理人员在提干、聘任重要岗位等方面优先考虑。

山不在高，有仙则名；水不在深，有龙则灵；
岗不在多，有钱则行……

刺猬理论

蒋丽梅

刺猬是一种全身披覆着尖针，会刺痛人的针毛动物。这种动物通常群体而居，自成一个小团体。西方有一种“刺猬理论”，说的是每当天气寒冷的时候，刺猬们就会彼此靠拢在一起，但仔细观察就会发现它们之间始终保持着一定的距离。原来，如果相互距离太近，刺猬身上的刺就会刺伤对方；但如果距离太远的话，它们又会感到寒冷。保持适当的距离，才能既保持理想的热度，又不会伤害到彼此。

在目前的企业中，最可怕的“职业病”莫过于人际关系濒临破裂，以及严重压力所造成的精神危机。几乎任何一家公司的人事经理均一致表示，上班族人士由于人事间纠纷而导致心理健康发生问题的例子，实在是不胜枚举。就领导与部属、同事与同事的关系来说，我们可以把“刺猬理论”运用到处理彼此的关系上，保持互不伤害的适当距离，达到共存共处的目的。在职场上，也有所谓“刺猬理论”，我们也称它为人际交往中的“心理距离效应”。

心理学研究认为：领导者要搞好工作，应该与下属保持亲密关系，这样做可以获得下属的尊重。与下属保持心理距离，可以避免下属之间的嫉妒和关系紧张，可以减少下属对自己的恭维、奉承、送礼、行贿等行为，可以防止与下属称兄道弟、吃喝不分，并在工作中丧失原则。事实上，雾里看花，水中望月，往往给人“距离美”的感觉。保持亲密的重要方法，

乃是保持适当的距离。

关于狐狸，还有一篇《刺猬和狐狸》的故事。在森林中，有一只思想特别简单的刺猬，还有一只特别聪明的狐狸。狐狸总是有特别多的阴谋去欺负那些比较老实的动物。它很狡猾，从早到晚都在刺猬的巢穴四周徘徊，等待着最佳的袭击时间，而且能够设计出无数复杂的策略偷偷向刺猬发动进攻。它行动迅速，皮毛光滑，脚步飞快，阴险狡猾，看上去准是赢家。而刺猬则毫不起眼，遗传基因上它就是豪猪和犰狳的杂交品种。它走起路来一摇一摆，整天到处走动，寻觅食物和照料它的家。

狐狸在路的岔口不动声色地等待着，刺猬只想着自己的事情。它们遭遇了，狐狸向刺猬扑过去，如闪电般迅速。刺猬意识到了危险，它立刻蜷缩成一团，浑身的尖刺指向八方。狐狸只能就此收手，撤回森林，策划并等待新一轮的进攻。刺猬和狐狸间的这种战斗每天都以某种形式发生，但是尽管狐狸比刺猬聪明，刺猬总是屡战屡胜。

驰名世界的管理权威吉姆·柯林斯在他的《从优秀到卓越》一书中也提到了上述的这个“刺猬理论”，他认为刺猬之所以能够立于不败的秘诀就是专心致志做好最有优势的事情。也就是说，保持住自己的核心竞争力，专心致志，持之以恒，那么这个企业就是一只成功的“刺猬”。

每颗星星都在闪光，是因为每颗星星都是相距遥远的个体，而北极星之所以那么特别，就在于它是一颗较明亮的恒星，夜间找到北极星，就很容易找到北方。做一只专心而合作的刺猬，切勿做一只狡猾而自大的狐狸。

领导与部下，近则无威，远则无知。